PARIS

IMPRIMERIE DE L. TINTERLIN

3, RUE NEUVE-DES-BONS-ENFANTS

1865

LES DEUX

QUESTIONS POLONAISES

OU

LE RÊVE ET LA RÉALITÉ

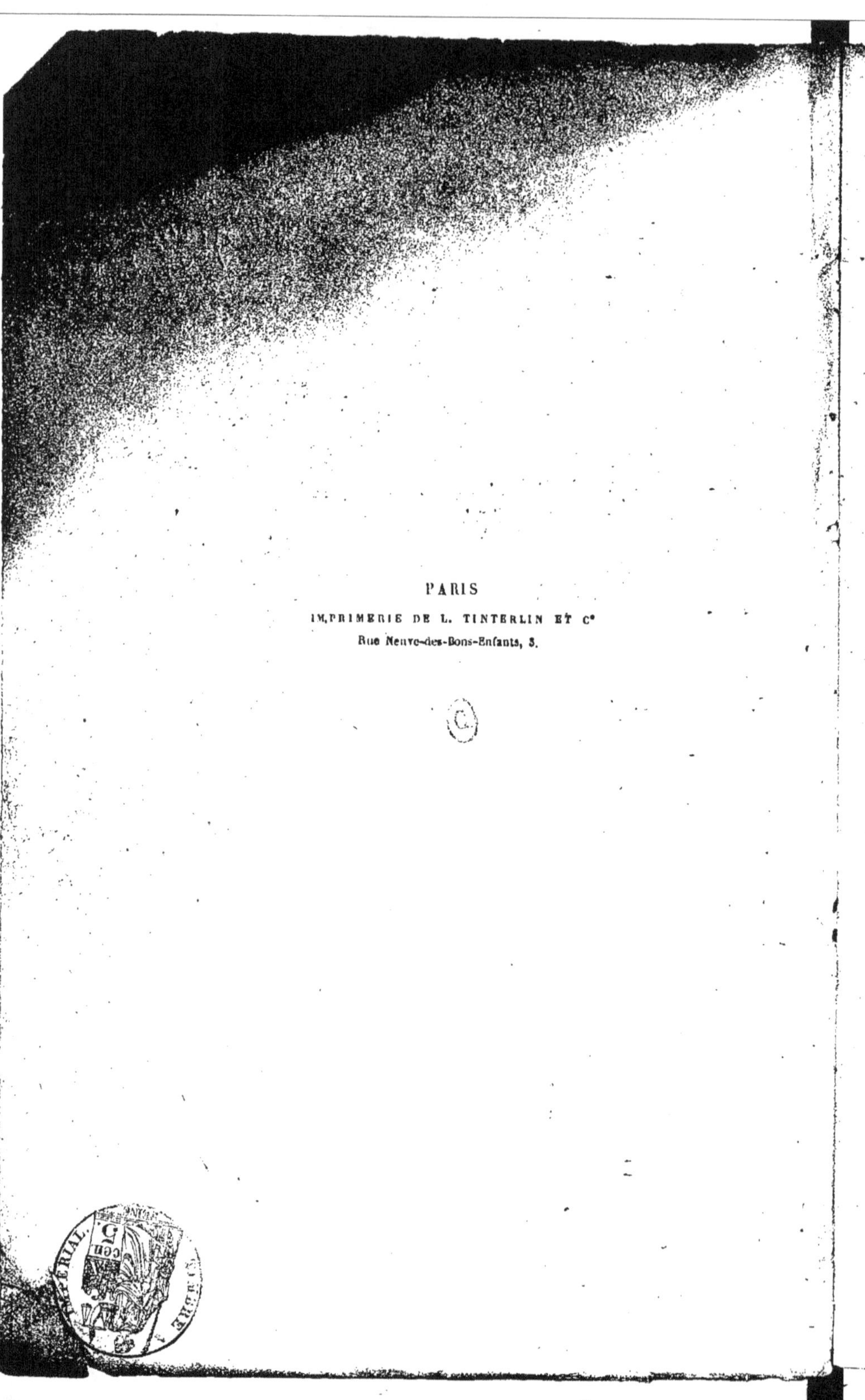

PARIS

IMPRIMERIE DE L. TINTERLIN ET Cᵉ

Rue Neuve-des-Bons-Enfants, 3.

LES DEUX

QUESTIONS POLONAISES

OU

LE RÊVE ET LA RÉALITÉ

———

PARIS

IMPRIMERIE DE L. TINTERLIN ET Ce

3, RUE NEUVE-DES-BONS-ENFANTS, 3

1863

LES DEUX

QUESTIONS POLONAISES

OU

LE RÊVE ET LA RÉALITÉ

La flamme de l'insurrection polonaise doit ou consumer la Russie, en embrasant toute l'Europe, ou s'éteindre. Il n'y a pas de milieu.

Les Polonais, selon leurs propres paroles, ont perdu leur indépendance politique au moment où ils allaient réparer les fautes, causes fatales de leur ruine. Malheureusement l'histoire, comme la vie, ne tient pas compte des intentions. Elle ne connaît que les faits et ne remonte pas son cours. Il faudrait, pour obéir à l'exaltation polonaise, reprendre les faits historiques tels qu'ils étaient à la fin du siècle dernier, recommencer l'histoire sur nouveaux frais et appliquer à ce renouvellement les leçons de l'expérience. Il faudrait reconstituer une monarchie polonaise avec toutes ses possessions et ses conquêtes de jadis, et faire d'une question d'humanité une question de bouleversement européen. Il faudrait, en un mot, que la chute d'un grand empire, la création d'un empire nouveau, vînt couronner, comme un hommage unanime, le dévouement chevaleresque d'une nation qui se plaint sans cesse de son martyre et ne néglige rien pour le motiver,

Nous ne voulons pas discuter encore ici les droits de l'insurrection polonaise, mais seulement son opportunité.

Nous admettons même parfaitement qu'un jour pourrait venir où la Pologne serait à même de reprendre sa place parmi les États indépendants. Seulement nous croyons que l'ordre des choses a été interverti. La formation des grands États ne s'improvise pas, ne se reproduit pas subitement sur un moule donné. Elle est la conséquence forcée et non l'origine arbitraire des événements.

Que la Russie croule sous son propre poids à la suite de révoltes et de guerres intestines, que l'Allemagne s'ébranle dans une lutte suprême entre la Prusse et l'Autriche, que la Turquie exhale son dernier soupir, la Pologne alors, réunissant toutes ses forces et toute son énergie, se reconstituerait naturellement, et la carte de l'Europe serait à refaire. Mais rien de semblable ne se produit encore ; la Turquie existe toujours. La Russie, émue un instant par de subites réformes intérieures, a retrouvé son calme et son unité devant les menaces qui lui ont été faites. La Prusse, qui couvait peut-être une révolution dans son sein, a ajourné ses mécontentements en vue d'une lutte extérieure. L'Autriche a adopté une politique de conciliation, dont le dernier mot ne saurait être favorable à une Pologne indépendante, qui engloutirait une partie des possessions autrichiennes et remuerait les autres de fond en comble.

La France hésite encore, il est vrai, entre le cri d'un peuple plus généreux qu'éclairé sur la portée véritable de la question polonaise et la sage prudence de la volonté impériale. L'Angleterre ne confondra jamais l'humanité avec la politique, et ne restera fidèle qu'à elle-même.

Ainsi, nous ne croyons pas nous tromper en affirmant que le grand tort de la Pologne dans la lutte qu'elle vient d'entreprendre, a été la précipitation qu'elle y a mise. Cette précipitation a été une source de nouveaux malheurs pour elle, d'embarras pour tout le monde.

On nous répondra qu'il y a des moments où la coupe trop pleine déborde ; que quand on souffre on n'a plus le temps de calculer, et qu'un effort suprême peut quelquefois sauver celui qui se sait et se croit perdu.

Ceci étant très-vrai pour les individus, ne l'est pas pour les nations. L'individu est un être isolé ; la nation un corps politique. La nation n'a pas le droit d'avoir les défaillances et les enthousiasmes d'un individu ; l'individu ne vit qu'un moment ; il peut risquer sa vie pour une idée. La nation ne meurt pas et ne doit pas mourir ; elle ne se soutient et ne s'agrandit qu'en vivant dans le fait et par le fait ; elle ne peut chercher le vague à l'aventure et remplacer le malheur par le suicide.

Il y a dans la question polonaise deux questions bien distinctes, et qu'il est important de bien préciser en vue de cette solution introuvable, que l'humanité entière réclame à grands cris :

1° *La question politique,*

2° *La question morale.*

I

Il faut avouer que tout ce qui a été dit jusqu'à présent au sujet du côté politique de la question polonaise, ne sert qu'à prouver que l'existence improvisée d'un grand royaume de Pologne n'a pas encore de raison d'être.

On a écrit des ouvrages pour démontrer que les Russes n'étaient ni Russes, ni Slaves, mais seulement Moscovites, ce qui ne prouve encore rien. On a avancé que, puisque la Pologne avait possédé jadis plusieurs provinces incorporées actuellement à l'Empire russe, elle avait le *droit* de les reprendre; de même que l'Angleterre aurait le droit de reprendre à la France là Bretagne et la Normandie. On a répété que la reconstitution du royaume polonais aurait pour but d'opposer un boulevart aux agressions du colosse du Nord, qui serait refoulé vers l'Orient et privé désormais de la possibilité de continuer ses envahissements, auxquels l'émancipation des serfs et les chemins de fer donneraient une force nouvelle. On a oublié d'ajouter que la Russie n'a que faire de s'agrandir, que ses conquêtes la ruinent, et qu'elle a besoin, non d'acquérir de nouveaux pays, mais de civiliser ceux qu'elle possède. On a évité de faire observer que la Russie, à cause même de ses dimensions et de son peu de développement, souffre d'une certaine inertie qui n'existerait pas chez un peuple enthousiaste et entreprenant, amoureux de gloire et d'émotion, chez un peuple qui, même sans armée et sans armes, sans force et sans liberté, se complaît déjà dans des rêves d'agrandissement et de domination. Qui sait si le remède ne serait pas pire que le mal, le boulevart plus remuant que le colosse, la garantie plus dangereuse que le danger ?

Quelques patriotes polonais ont émis la singulière idée de reprendre par la force à la Russie les provinces polonaises, non pour les garder, mais pour les donner à l'Autriche, et d'élire François-Joseph, roi de Pologne. C'est une opinion individuelle, d'ailleurs. D'autres font de la domination antrichienne le tableau le plus lugubre. — Un publiciste a proposé de donner le royaume de Pologne à la Saxe. — Les brochures pleuvent, et chacun soutient une opinion différente. L'orateur qui a dit : « Faites quelque chose pour la Pologne, je ne sais pas quoi, mais faites quelque chose, » a trouvé un écho. Il a trouvé, hélas ! tout un peuple qui peut lui répondre : Oui, nous faisons quelque chose, et nous ne savons pas quoi, car nous ne savons pas où nous allons et ce que nous voulons ; mais ce que nous ne voulons pas, nous ne voulons pas du joug moscovite ; nous ne voulons plus être dépendants et faibles ; nous avons été puissants un jour, et cette puissance qui nous manque, nous saurons la reconquérir, Dieu et la France aidant. Alors, nous aviserons à tracer nos limites, à nous former en État individuel, et à prendre notre place parmi les grandes puissances. Tout cela n'est, certes, dépourvu ni de grandeur, ni de poésie, mais ne constitue pas encore en politique de bases suffisantes. Des recherches archéologiques, des parchemins oubliés, des suppositions eu vue d'un danger qui n'existe pas, mais qui pourrait exister, un passé plein d'erreurs et de souffrances, des réclames de journaux, des sympathies nombreuses, une lutte exaspérée, de vagues aspirations, voilà ce qui établit jusqu'à présent les droits politiques de la Pologne, mais ne peut certes encore servir de prétexte pour bouleverser le monde. Il y a donc une vérité incontestable, c'est que l'insurrection polonaise manque d'appui solide, de base émanant de la situation politique générale, et qu'on retrouve visiblement dans ce fait l'influence des femmes et des prêtres. Les femmes ne raisonnent que par le cœur; les prêtres n'agissent que par la foi. La politique n'est ni la foi ni le cœur; elle est la nécessité, — et le calcul. Le Polonais est poëte, enthousiaste, chevaleresque, imprudent et brave jusqu'à la démence; il va où le pousse la femme qui l'attache à la terre, le prêtre qui lui montre le ciel; il a pour guide son imagination, et ne sait rien faire à froid. Son histoire, ses habitudes, sa vie entière le prouvent. Insouciant des biens périssables, il se laisse dépouiller par ceux qui l'entourent; mais il aime le plaisir et la bonne chère, et il adore sa patrie comme un jeune homme adore sa maîtresse. Il aime les vêtements de couleur, les toques à plumes, le deuil symbolique, les écussons, les signes de ralliement, les chants enthousiastes au pied des autels, les mystères, les processions, les effets dramatiques, les élégies, les mots qui électrisent, et a besoin de tout cela pour raviver ses souffrances, pour s'enivrer de patriotisme; mais il ne sait calculer, ni le moment propice, ni les chances de succès, ni l'étendue de ce qu'il peut atteindre.

Ainsi, il est resté immobile au moment du siége de Sébastopol, et n'a pas su attendre que les réformes intérieures de l'Empire de Russie y aient amené une crise qui

semblait inévitable. Ainsi, il savait vaguement qu'en entreprenant la lutte actuelle, il aurait pour lui des sympathies
puissantes en Europe ; mais il n'a pas cherché à bien s'assurer préalablement de l'étendue et de la nature des secours
qu'il pouvait attendre, il n'a pas limité à une évaluation
possible ce qu'il pouvait obtenir en compromettant encore
davantage son pays ; mais il a saisi au hasard la première
arme venue, un fusil ou une faulx ; il s'est jeté tête baissée
dans la mêlée, en proclamant qu'il voulait reprendre tout
son bien d'autrefois, tout, sans en rien rabattre, et qu'on
finirait bien par venir à son aide. Ainsi, c'est le vaincu qui
vient subitement dicter la loi au vainqueur ; la Pologne ne
voulant plus être à la Russie, c'est la Russie qui devra être
à la Pologne. Il faut avouer qu'il est impossible d'être plus
poëte et moins logique ; il faut avouer que l'Europe a bien
raison d'être embarrassée d'agir dans un conflit semblable ;
car, que doit-elle faire et que peut-elle faire sans atteindre
les sources de sa propre existence ? Mais aussi, qu'en est-
il résulté ?... Peut-on se figurer de position plus épouvan-
table que celle de ce malheureux peuple, qui n'est ni en
paix, ni en guerre, qui se trouve broyé entre deux terro-
rismes, entre deux lois martiales qui s'entre-déchirent ! Cet
intolérable état de choses, ce supplice que la Pologne s'est
imposé, ne peuvent évidemment durer davantage. Mais,
qui doit céder ? Le gouvernement russe doit-il légitimer la
vindicte polonaise et proclamer sa propre déchéance ? La
cause polonaise doit-elle s'avouer vaincue, reconnaître que,
par une étourderie désastreuse, elle a gratuitement versé
son sang le plus précieux, dilapidé ses biens et compromis
son avenir ? De part et d'autre, la décision n'est pas facile,
et nous la chercherions vainement dans l'impasse politique
du conflit. Nous y reviendrons donc en traitant le côté

moral de la question, et nous continuerons à énumérer les embarras et les malheurs qui résultent du côté politique si brusquement attaqué.

Envisageons d'abord la situation de la Pologne elle-même.

Est-elle encore sous l'égide du traité de 1815? Il serait difficile de l'affirmer; car, en supposant que le soulèvement de 1830 ne compte pas, celui de 1863 proteste assez énergiquement contre le traité de Vienne, se révolte contre ses charges et, par conséquent, n'en accepte pas les bénéfices. La Pologne s'en remet donc à la décision des armes. Mais s'y soumet-elle d'avance, accepte-t-elle les conséquences rigoureuses de la lutte? Ceci n'a pas été dit. Ce qui a été proclamé, c'est l'appel à la révolution. Or, les révolutions doivent se faire en un jour ou en un siècle. Une révolution qui dure des mois, qui s'élabore dans des caves, qui se formule dans des forêts, qui n'a ni armée, ni finances, ni appui décisif, n'est pas une révolution, mais une agonie. Elle est le spectacle le plus navrant auquel puisse assister le genre humain. Que cela soit beau comme sacrifice, nous n'en disconvenons pas, mais que politiquement cela soit excusable, qui pourrait l'affirmer? Si le bourreau vous coupe un bras, il ne s'ensuit pas qu'il faille vous faire couper l'autre pour avoir plus de mutilations à reprocher au bourreau. Ne faudrait-il pas, au contraire, garder ce bras pour le jour de la vengeance, si la vengeance est juste et assurée. La Pologne semble prendre plaisir à se frapper elle-même. Froissée dans son orgueil, humiliée de son impuissance, exaspérée par quelques actes arbitraires, encouragée par quelques hésitations, elle se tourne contre ses propres enfants. Elle sait que la lutte est impossible, elle décrète la lutte ; elle sait que les impôts sont lourds,

elle double les impôts ; elle sait que la terreur est grande,
elle crée une terreur nouvelle ; elle sait que le pouvoir est
arbitraire, elle fait surgir un pouvoir occulte qui con-
damne et qui frappe sans appel. Elle s'indigne quand on
lui dit qu'aux martyrs de l'idée patriotique vient se join-
dre l'impur alliage de ces gens sans aveu qui surgissent
dans les émeutes et vivent de catastrophes. Mais elle sait
bien que cela est vrai puisqu'elle les paye. Des patriotes
polonais très éclairés ne nous ont-ils pas dit que lorsque
enfin, n'importe de quelle manière, la paix serait rétablie
en Pologne, car il n'y a pas de supplice éternel ici-bas,
il y aurait un grand embarras avec les bandes qui maintiennent actuellement l'insurrection dans les forêts. Habi-
tuées à la vie aventureuse, au meurtre et au pillage, il serait impossible de les faire rentrer dans le calme de la vie
régulière et elles ne pourraient être tenues en lesse qu'en
étant incorporées dans des régiments. Ainsi la Pologne
triomphante ou soumise serait tenue de recourir au recrutement forcé, c'est-à-dire à la même mesure de sûreté générale qui a été la source de tant de récriminations et de
tant de malheurs. Nécessaires pendant la lutte, les soudards de l'émeute deviennent dangereux pendant la paix ;
c'est la conséquence du mal que le gouvernement russe
avait voulu prévenir, sans habileté peut-être, mais non
sans raison. Sans la présence d'ailleurs de ces soudards,
l'insurrection n'aurait pu se soutenir longtemps ; car on
sait que le peuple, la population agricole polonaise, n'a aucun enthousiasme pour la révolte. Elle en profite et la
supporte, mais ne la motive pas. Tous les propriétaires
ont dû renoncer aux redevances de leurs fermiers pour
les gagner à leur cause, et tous l'ont fait avec une abnéga-
tion admirable ; mais, s'ils ont accepté la ruine en vue de la

patrie, il n'en résulte pas que le peuple partage leurs convictions. Or, une révolution qui n'est pas faite par tout un peuple, mais par des meneurs, a-t-elle des chances de durée et de succès? Il n'y a qu'à consulter l'histoire : Ces meneurs au moins sont-ils d'accord entre eux. Savent-ils par quel mode de gouvernement ils vont remplacer celui qu'ils exècrent? La Pologne sera-t-elle une monarchie dépendante de l'Autriche, ou bien un pays indépendant, une république aristocratique, une république démocratique, une confédération? Est-ce Mierolawski ou Langewicz qui seront à la tête du pouvoir? Nul ne le sait, nul ne peut le dire. L'embarras du succès l'emporterait encore peut-être sur l'embarras de la lutte. Et pourtant ce succès on y croit, on l'attend, on l'espère, et c'est de la France qu'il doit venir. Mais que doit faire la France? Jusqu'à quel point doit s'étendre son assistance, et ne l'accusera-t-on pas toujours de ne pas faire assez, comme on l'a fait en Italie. La France doit reprendre à l'Autriche, la Galicie; à la Prusse, la Posnanie; à la Russie, le Grand-Duché, la Lithuanie, la Podolie, la Volhynie et l'Ukraine; arracher six millions de Russes à leurs compatriotes pour les soumettre à la Pologne renouvelée, la garantir contre les coalitions et les représailles et contre ses propres dissensions. Si la France ne fait pas cela, elle n'aura rien fait du tout; car ici, on le voit, il ne s'agit pas d'une de ces campagnes brillantes qui peuvent trancher une question dans le vif, mais de se dévouer sans trève à une cause étrangère, à une lutte où elle n'apporterait de son côté que des sympathies pour l'infortune et se trouverait en face d'une question de vie ou de mort pour la Russie et pour l'Allemagne. Le programme polonais a été annoncé assez hautement. Il ne se contentera pas de moins. Cela ou la mort, a-t-il dit. Que faire dans cette alternative ?

Pour résumer encore ce que nous venons de dire sommairement, la politique polonaise actuelle offre les résultats suivants :

Renoncement à ses droits vis-à-vis de la Russie.

Indifférence des classes agricoles pour la révolution.

Introduction d'éléments dangereux dans le corps social.

Ruine des propriétés et des propriétaires.

Indécision sur la forme du gouvernement à venir.

Espoir dans les sympathies à l'étranger.

Espoir d'une assistance française dans les limites de l'impossible.

Tout cela malheureusement n'est que trop vrai. — On viendra nous dire que certes l'embarras est grand, mais que la lutte est sublime, qu'il y a autre chose dans l'existence que la brutalité du fait accompli. — On nous dira tout cela, et le malheur des Polonais, c'est qu'on le leur a trop dit. — Trop de journaux achetés ou non achetés entonnent la triste complainte qui ne rapporte quelque chose qu'aux journalistes. — Trop de brochures veulent faire prévaloir des idées illusoires contre la présence de deux millions de baïonnettes. Trop de comités philanthropiques sont venus échanger des phrases sonores avec les imprudents défenseurs d'une cause dont le jour n'est pas encore venu.

Le patriotisme est certes une passion sublime; mais encore est-il une passion, c'est-à-dire une faute en politique. — Ceux qui flattent cette passion par leur malencontreuse sympathie, ceux qui propagent des mensonges pour ne pas voir et pour cacher des vérités désagréables, commettent une action pour le moins imprudente. Ils sont plus coupables que le pouvoir russe, qui a le devoir de faire

respecter son droit, tandis qu'eux, ils nourrissent des espérances chimériques, ils entretiennent les sanglantes erreurs d'une lutte impossible, — ils arrêtent la clémence
de l'empereur de Russie et perdent la cause qu'ils se figu-
rent servir.

Tout le monde connaît la fable de l'Ours qui, voulant
chasser une mouche sur le front d'un homme endormi,
prend une grosse pierre et écrase la tête de l'individu
auquel il croit rendre service.

Ainsi le malheur des Polonais dans le conflit actuel, la
source de l'embarras désastreux dans lequel ils se trouvent, proviennent de ce qu'ils s'abusent eux-mêmes et se
laissent abuser par les autres. — Telle est la vérité, la
vérité nue et incontestable.

Mais si la Pologne s'est fourvoyée par précipitation et
crédulité dans une impasse sanglante, il faut dire que la
Russie ne se trouve pas moins embarrassée qu'elle.

Le rôle de bourreau qu'on lui impose et qu'on lui reproche n'est certes point dans ses goûts et dans ses ten-
dances, quoi qu'en puissent dire les journaux les mieux
informés et les hommes les plus ignorants. La presse mili-
tante croit de son devoir d'employer vis-à-vis d'elle le vocabulaire hyperbolique de toutes les insultes : les généraux russes sont des infâmes, les soldats russes sont de
la soldatesque, des pillards, des égorgeurs, des sicaires
du despotisme, des démons à face humaine. — Rien n'est
épargné pour soulever l'indignation, pas même les faits
les plus invraisemblables, les nouvelles les plus inouïes.
Les preuves à l'appui ne seraient pas difficiles à produire
et cela tous les jours.

Nous prenons au hasard :

Nous avons devant nous le n° 275 de *l'Opinion Natio-*

nale et nous y trouvons l'étrange citation suivante d'une correspondance de Kiew au *Morning Post* de Londres :

« Le général Anneukof, y est-il dit, ne se donne ni paix ni trève pour rivaliser *d'infamie* avec Mouravieff.

« Comme il n'a pas à sévir contre une insurrection, il est déterminé à en faire une, en excitant les passions fanatiques des paysans. Dans cette tâche, il trouve de zélés auxiliaires au sein du clergé russe, qui prêche ouvertement l'extermination par le couteau et la hache de tous les hétérodoxes, parmi lesquels les catholiques romains sont spécialement désignés comme la race de l'Anté-Christ. Un nouveau catéchisme à l'usage des paysans a été répandu dans les villages. En voici des extraits qui feront voir quelles doctrines il enseigne :

« *Question :* Qu'est-ce que vous commande votre devoir si vous rencontrez un catholique dans un bois ?

« *Réponse :* De le tuer comme un chien.

« *Question :* Un catholique mérite-t-il la sépulture chrétienne ?

« *Réponse :* Non, car sa chair est impure.

« *Question :* A qui appartiennent tous les champs et tous les bois que vous voyez autour de vous ?

« *Réponse :* A l'Empereur, qui nous les donnera si nous le délivrons des rebelles, etc., etc. »

Ce lugubre canard a pour but manifeste de soulever l'indignation du lecteur crédule. Que l'*Opinion nationale* cite des inepties semblables, elle peut à la rigueur avoir besoin de *copie;* mais ce qui est difficile à expliquer, c'est qu'elle s'en serve, dans son bulletin du jour, comme de griefs sérieux et vrais pour faire appel à la vengeance de l'Europe et réclamer la guerre à grands cris. Si ce n'était pas imprimé, ce ne serait pas à croire, et on se demande jusqu'à quelles limites peuvent donc aller les droits de l'ignorance.

Il aurait été si simple de savoir que les catéchismes se publient par le Saint-Synode et non par des généraux ; que le Saint-Synode, qui représente l'Église chrétienne, ne peut pas décréter l'assassinat, parce que ce serait contraire à la loi évangélique ; qu'une autorité forcée de sévir contre une révolte ne peut chercher à l'augmenter encore, et que ce n'est pas en la créant qu'on l'étouffe.

Si jamais une question a valu la peine d'être bien étudiée ; si jamais la vérité a été un devoir, c'est certes dans le conflit actuel, où d'un côté il y a des droits sacrés et indiscutables, de l'autre des obligations rigoureuses et fatales. — La question polonaise a toujours été une série de fautes et d'erreurs. Pour réparer ces fautes, pour dissiper ces erreurs, il n'y a qu'un moyen, ce n'est pas de s'injurier, ce n'est pas de s'égorger, ce n'est pas d'exciter les passions, mais c'est de remonter à la source des fautes et des erreurs, c'est de bien séparer la vérité du mensonge, e possible de l'impossible. — A cela, on ne peut arriver que par un examen consciencieux, une critique froidement impartiale, une appréciation exacte des faits, et, pour apprécier exactement les faits, il ne faut avoir ni engoûment, ni haine, ni parti pris d'avance. Il faut être dans la vérité, avec la vérité et pour la vérité.

La première faute politique de la Russie vis-à-vis de la Pologne, a été la création d'un royaume qui ne pouvait et ne devait pas en être un. Ni l'Autriche, ni la Prusse n'ont commis la faute dont les conséquences devaient si fatalement peser sur la Russie. Ni la Posnanie, ni la Galicie n'ont dû former de fiefs distincts, avec un simulacre d'autonomie et des priviléges illusoires. Le traité de Vienne, dont on com-

mente actuellement chaque parole, n'a pas imposé, mais a
dû admettre à contre-cœur le titre de royaume de Pologne, que l'empereur Alexandre Iᵉʳ a expressément voulu
donner au grand-duché de Varsovie. Était-ce justice ou
générosité, ce n'en était pas moins une faute, car les com-
plications et les conséquences étaient inévitables. Quand
un peuple perd tous ses droits politiques, il peut encore
se soumettre à son malheur ; mais quand il en conserve
une partie, il est clair qu'il tiendra toujours à en recou-
vrer la totalité. — Il n'est pas inutile de faire observer ici
que c'est à un souverain russe que la Pologne devra, si
elle sait attendre, de pouvoir encore se reconstituer peut-
être un jour. — Si la Russie avait fait comme la Prusse et
l'Autriche, si elle s'était assimilée les provinces acquises,
si elle y avait, par une administration habile, fait disparaître les motifs et la possibilité d'un soulèvement, la question polonaise n'en serait plus une depuis longtemps.
Alexandre Iᵉʳ eut même l'idée de reconstituer la Pologne
de 1772 ; mais l'évidence lui démontra bientôt qu'il n'avait
pas le droit de sacrifier son propre empire à une idée, quelque généreuse qu'elle fût. La seule Pologne possible
comme Pologne, la vraie et grande Pologne, n'en est pas
moins la Pologne de 1772. C'est celle qui doit surgir,
comme disent les patriotes polonais d'à présent ; c'est celle
qu'ils veulent une fois qu'ils veulent quelque chose, et ils
ont raison au point de vue polonais ; mais il est clair qu'au
point de vue russe, une utopie semblable n'est pas admissible, et qu'au besoin les haches russes viendraient s'abattre
sur les faulx polonaises. Alexandre Iᵉʳ dut renoncer aux
élans de son cœur. Ne pouvant donner le tout, il dut se
résigner à donner une fraction, et encore avec des clauses
qui ne pouvaient en garantir l'existence. Il créa donc un

peuple de mécontents, qui lui en voulut de ne pas en avoir
fait davantage, au lieu d'être reconnaissant de ce qu'il
avait fait quelque chose. Varsovie devint le foyer d'une insurrection toujours prête à éclater, toujours avide à res-
saisir tous les droits dont elle se sentait lésée. Aussi, à
peine l'empereur Alexandre était-il mort, abreuvé de dé-
goût et d'ingratitude de tous côtés, que l'insurrection
éclata. L'empereur Nicolas lui infligea un châtiment sévère. Voulant personnifier en lui seul l'ordre, la justice,
le principe monarchique, la dignité nationale, sensible
dans la vie privée, mais inexorable dans sa règle de conduite, il oublia peut-être que si, en Russie, il était empereur, en Pologne il était roi. Il oublia surtout que dans
ses États l'administration était vicieuse et que ses employés, surtout les employés inférieurs, outrepasseraient
ses intentions. Il y eut des sévérités motivées, il y eut
aussi des vexations gratuites. L'orgueil polonais fut froissé
et le nom de nation martyre commença à prendre consis-
tance. L'empereur Nicolas ne vit dans les Polonais que
des ingrats, et, comme avec les ingrats il n'y a que la terreur qui puisse agir, il annonça qu'il pulvériserait Varsovie à la première émeute. Mais en cela l'Empereur se trom-
pait. Le peuple polonais n'est pas ingrat, il est enthousiaste, c'est par l'enthousiasme qu'on peut le conduire.
Ce peuple était fatigué de craindre ; car, certes, ce n'est
pas le courage qui lui manque. Aussi, au commencement
du règne de l'Empereur actuel, était-il prêt, par lassitude,
ou bien à se rallier avec enthousiasme ou à se faire tuer
par désespoir.

Un malentendu fatal le porta à prendre ce dernier
parti.

A l'avénement au trône d'Alexandre II, il y eut une

commotion intérieure qui se fit dans tout l'empire. On sentait qu'une ère nouvelle allait commencer. Les serfs devenaient libres. La presse, chose inouïe, était invitée à émettre son opinion sur les réformes urgentes. Les langues étaient déliées, les tribunaux devaient avoir des sessions publiques, le clergé devait se réorganiser, l'enseignement élémentaire s'étendre, l'armée diminuer, les fermes des eaux-de-vie être abrogées, le budget de l'État être porté à la connaissance du public. Toutes les grandes idées libérales, toutes les réformes généreuses, surgissaient à la fois, et c'était le gouvernement impérial qui en donnait l'initiative. Il y eut comme une espèce de stupeur, les uns craignaient les conséquences, les autres se jetaient avec furie dans la voie du progrès. Bientôt cette rage de progrès ne connut plus de bornes. Des conspirations s'ourdirent, il ne s'agissait de rien moins que de renverser le gouvernement pour reconnaître ses bienfaits. Des excitations, venues de l'étranger et du parti mazzinien, attisaient le feu. On placardait dans les rues des manifestes pour appeler le peuple à la révolte, en lui promettant la possession des terres dont il n'avait que l'usufruit contre redevance. Des émissaires circulaient dans tous les villages en prêchant aux paysans la résistance contre les propriétaires. Des appels aux armes, à l'insurrection, étaient distribués dans les casernes, on en trouva jusque sur les tables du palais impérial. L'agitation était au comble, et pour couronner cette œuvre de démence, des incendiaires se mirent à parcourir la capitale et mirent en flammes le quartier le plus populeux dans l'espoir d'une émeute.

Tout à coup, tout disparut comme par enchantement, tout reprit son cours normal. L'insurrection polonaise venait de poindre à l'horizon. Le mouvement révolutionnaire changeait de base, la liberté des peuples devait s'effectuer par un autre moyen.

A mesure que l'agitation se calmait et que les agitateurs disparaissaient, le sentiment national se réveillait en Russie avec une force oubliée depuis longtemps. Un cri unanime se fit entendre. La patrie était menacée, on était prêt à mourir et à tout donner. Le pouvoir impérial devenait plus fort que jamais.

Ces faits, qui appartiennent à l'histoire, sont graves. Ils prouvent que ce n'est pas le patriotisme seul qui a déchaîné l'insurrection. Ils prouvent que l'insurrection polonaise a rendu à la Russie un service immense, en la délivrant d'éléments malsains, en rendant à l'Empire toute la puissance d'un élan unanime. Ce service, on ne saurait assez le constater, car il est probable que le jour n'est pas éloigné où la Russie aura à le reconnaître.

L'Empereur de Russie n'avait certes pas oublié d'associer la Pologne aux réformes de son règne. Mais craignant que l'impétuosité polonaise ne s'entraînât dans une voie où l'on ne s'arrête plus, il voulut être clément en actions et sévère en paroles. Le contraire eût certes été plus machiavélique, mais il n'écouta que sa loyauté et personne en Pologne ne sut le comprendre.

Les nombreuses concessions que l'on aurait acceptées jadis avec enthousiasme passèrent inaperçues. Le fait ne prit aucune signification, l'avertissement seul froissa les amours-propres et déçut les espérances.

Un autre fait aggrava encore les mécomptes. Ce fut l'entrevue des trois souverains à Varsovie. La Pologne y vit une insulte, la France une menace. Ce n'était ni l'une ni l'autre. Ce n'était qu'une entrevue sur un terrain neutre, sans préméditation et sans but hostile à qui que ce fût.

La France en eut l'assurance et n'y crut pas. La Pologne y trouva le signal de l'insurrection. L'histoire aura peine à croire un jour que tant de sang ait pu être versé pour un simple malentendu. Que voulait la Pologne ? Un monarque clément ; des institutions nationales respectées. Ses vœux se réalisaient, ses souffrances allaient disparaître. Il n'y avait qu'à s'unir et à se concerter. Mais on s'attendait à quelques mots dramatiques à grand effet : « Il n'y a qu'un Polonais de plus, la Pologne ne périra « pas, » ou quelque chose de semblable. Ce mot fut remplacé par un avertissement paternel et tout fut mis à feu et à sang.

Pour ce qui concerne l'entrevue des souverains, on n'attendit pas les conséquences qu'elle pouvait avoir. C'est l'endroit même de l'entrevue qui devint un grief. La France, de son côté, y vit le germe d'une coalition contre elle. Le comité central polonais, présidé jadis par le général Lafayette, se reconstitua à Paris avec le concours d'hommes politiques et de journalistes influents. La sympathie de la France était acquise à la révolution nouvelle. Cette sympathie était une promesse. Cette promesse était un appui. Des comités pour la cause polonaise se formèrent en Suède, en Belgique, en Suisse. On échangea des protestations et des adresses. L'enthousiasme fut au comble. On crut que le moment était venu, et comment ne pas se faire tuer quand tant d'hommes éminents vous encouragent et vous applaudissent ! Le gouvernement russe hésita devant la nécessité de sévir contre une insubordination incessante, qui tâchait de rejeter sur lui tout l'odieux d'une persécution religieuse. Cette hésitation était peut-être un tort, mais elle était commandée par une lueur d'espoir que le conflit pouvait encore être évité.

M. *Mazade*, champion déclaré de la cause polonaise, nous dépeint un spectacle qui prouve jusqu'à quel point a pu aller la patience de l'autorité russe (1).

C'est une procession catholique qui dresse un autel au sommet d'une colline ; tandis que la troupe russe immobile l'entoure, l'arme au bras et le général en tête. » Tout était prêt, dit M. Mazade, lorsque quarante bannières représentant toutes les provinces de l'ancienne Pologne, se déployèrent, dominées par une immense bannière portant les armes réunies de Lithuanie et de Pologne. Quand la messe fut dite, un prêtre se leva et tint un discours : « Oi- « seau sans taches, dit-il en s'adressant à la bannière : « Aigle blanc ! qui jadis distribua des couronnes et n'en a « plus pour toi, plane au-dessus de tes frères et va crier « aux quatre coins du monde que tu respires encore ! « Convoque tes enfants, tes émigrés, tes anciens défen- « seurs et montre-leur la route ! »

Qu'on nous permette ici une réflexion.

Il y a encore en France beaucoup de légitimistes. Qu'on s'y figure une procession portant un drapeau aux fleurs-de-lis, un prêtre appelant à la révolte contre le pouvoir établi. Peut-on croire que la troupe qui verrait tout cela resterait tranquille comme le fit la troupe russe ?

Chacun sait ce qui arriverait : La foule serait immédiatement dispersée ; et tant pis pour les récalcitrants. Le prêtre serait traduit devant un tribunal pour atteinte à l'ordre public, et son châtiment ne se ferait pas attendre. Le drapeau serait confisqué et personne n'y trouverait à redire, M. Mazade, tout le premier. Il est curieux que dans le récit qu'il fait, il admire les Polonais et non les

____

(1) *La Pologne contemporaine,* page 192.

Russes. Il est vrai que si les Russes avaient fait strictement leur devoir, il les aurait appelés des assassins et les Polonais des martyrs!

Plus tard, les processions prirent un caractère encore plus agressif. Les églises retentirent d'hymnes à la patrie, les prêtres se mirent à la tête des bandes armées, prêchèrent la rébellion et ceignirent l'épée. L'autorité fut obligée enfin d'opposer la force à la force et le cri de persécution religieuse retentit par toute l'Europe. Les Russes n'ont rien de sacré, se mit-on à clamer; ils violent les églises, ils égorgent les serviteurs de l'autel; mais qu'avaient-ils à faire, sinon de se faire égorger par eux, au lieu de se défendre?

L'accusation d'intolérance religieuse en principe, jetée à la Russie, est une des accusations les plus fausses qui aient jamais été inventées. Demandez au juif dans sa synagogue, au mahométan dans sa mosquée, au bouddhiste dans sa lamaserie, au payen dans sa keremett, à l'adorateur du feu dans son temple de Bakon, si jamais ils ont été troublés dans l'exercice de leurs rites, si jamais ils ont vu autre chose que déférence et protection? Quels sont les plus beaux édifices de la plus belle rue de la résidence impériale? C'est la cathédrale catholique en face de la cathédrale grecque, c'est l'église réformée, c'est l'église arménienne, et tout près, c'est l'église schismatique, l'église des vieux croyants, celle qui a toujours été hostile au gouvernement. Que nommera-t-on tolérance après cela?

En fait de principes libéraux, en voilà un, certes, qui peut servir d'exemple. Il n'y a que l'ignorance ou la mauvaire foi qui pourrait ne pas la reconnaître. Il n'y a que l'ignorance ou la mauvaise foi qui pourrait soutenir que le catholicisme a été poursuivi en Russie comme croyance religieuse. Il ne l'a été qu'en perdant son caractère religieux, pour devenir un prétexte aux passions politiques. Tout gouvernement établi, tant qu'il existe, est tenu à faire respecter l'autorité qu'il représente. Il ne peut renoncer à ce devoir, sans se reconnaître déchu. Quand la révolte prend la croix du Christ pour s'en faire un bouclier et au besoin une arme, c'est la révolte qui est impie, car elle prend la religion comme un moyen et non comme un but.

Le reproche fait à la Russie retombe sur la Pologne.

Ce que le gouvernement russe a voulu poursuivre dans le clergé polonais, ce n'est certes pas ses convictions chrétiennes, mais c'est le foyer permanent de l'insurrection, ce qui est tout autre chose, et les événements n'ont que trop prouvé que le gouvernement russe ne s'était pas trompé.

Il faut donc bien préciser la vérité sous son jour manifeste? La Russie n'a aucune haine contre les catholiques, pas plus que contre les protestants. Du jour où la religion en Pologne ne sera pas autre chose que la religion, elle aura droit à tous les égards, à tous les respects. Cette question de liberté religieuse que les Polonais réclament n'en est donc pas une. Réclamer quelque chose qui existe n'est pas une réclamation; mais il faut se demander s'il est possible encore aux Polonais de faire dans leur existence deux parts bien distinctes dont l'une serait pour la religion sans la politique, l'autre pour la politique sans la religion. S'ils ne peuvent s'y résoudre, le carnage continuera sans autre issue que le suicide définitif de la Pologne. Si, au contraire, ils finissent par comprendre leur propre intérêt, on peut dire que la Pologne ne périra pas, car tout l'avenir polonais est peut-être dans cette décision.

Quant aux Russes, ils sont étrangers à la politique et plus que tolérants à l'égard des dissidences religieuses. Ainsi les anciens et les nouveaux croyants vivent en bonne intelligence et se trouvent constamment pêle-mêle avec des populations entières des rites les plus différents. C'est l'affaire de leur conscience, disent-ils, ce n'est pas à nous à en juger. Il y a en outre en Russie un trait distinctif très-marqué, c'est que la religion ou plutôt la foi y est le principe dominant, tandis que le clergé n'y jouit malheureusement d'aucune confiance. On estime l'habit, le caractère du prêtre, et non pas sa personne. A l'église, il est le ministre de Dieu, hors de l'Église, il ne signifie rien. Il n'est pour rien dans la vie privée et dans les affaires séculières. La religion du Russe est la foi aveugle, la foi du charbonnier, la foi qui n'a pas de haine, celle qui dit du prêtre indigne comme de l'hérétique : c'est l'affaire de sa conscience et non pas la mienne. Le gouvernement a dû sévir quelquefois contre des schismes dangereux ; mais le peuple ne s'est pas associé à ces actes du gouvernement. Il ne saurait jamais comprendre une Saint-Barthélemy. Voilà pourquoi en Russie il ne peut exister de catéchismes qui disent de tuer des catholiques, car il n'y a pas en Russie d'individus qui puissent donner un ordre semblable et il n'y en a pas qui puissent le comprendre.

La conversion de quelques Esthes en Livonie a été un fait spontané auquel le gouvernement russe a opposé une digue, ce qu'un gouvernement catholique n'eût certes jamais fait. La conversion des Grecs unis a été l'œuvre de quelques individus ; elle a fait cesser un compromis bâtard entre deux Églises séparées ; mais la preuve que la persécution est restée étrangère au fait, c'est que cette demi-religion a presque disparu, tandis que l'histoire des persécutions religieuses nous offre toujours l'exemple du contraire. Il est notoire, d'ailleurs, que le clergé russe ne fait pas de propagande, n'a pas de missionnaires. Dans tout le royaume de Pologne, il n'y a qu'une seule chapelle du culte grec. Quant au clergé catholique, il n'a jamais discontinué de faire du prosélytisme, c'est-à-dire de remplir le devoir qui lui est prescrit ; mais il l'a fait, non-seulement au point de vue religieux et de la soumission au Pape, mais au point de vue de la nationalité et de la haine à la domination étrangère. En cela, le prêtre a outre-passé son mandat. Ministre de l'humilité chrétienne, il s'est fait l'apôtre de l'orgueil national. Messager de paix, il a préparé la guerre et attisé la discorde ; il a mis l'Église devant l'insurrection, et quand on a été obligé de prévenir ou d'étouffer l'insurrection, il a commencé à gémir de ce qu'on insultait l'Église. Ici, de nouveau, pour juger sainement des choses, il ne faut voir que la vérité, il faut reconnaître que si, après les combats, on a trouvé tant de prêtres tués parmi les cadavres des insurgés, ce n'était pas là leur place.

Le Russe, ne connaissant pas les haines religieuses, ne connaît pas non plus les haines politiques et les haines nationales. On a eu beau l'appeler dernièrement à une liberté illusoire, il a préféré attendre et a compris plus tard qu'on voulait le tromper. Quant aux haines nationales, il ne les connaît qu'au moment de la lutte.

Il y a en Russie trois principes bien distincts : la nation, l'administration, le gouvernement impérial. Dans la question polonaise, le gouvernement a manqué quelquefois de savoir-faire, jamais de loyauté. L'administration a été vicieuse ; la nation, jusqu'à présent, est restée impassible,

Le Russe non-seulement ne haït pas le Polonais ; mais, ne connaissant pas les recherches archéologiques nouvelles, il voit en lui un frère d'origine. Le peuple polonais n'a, de son côté, aucune haine pour le peuple russe, à part la surexcitation actuelle qui est un état convulsif. Le peuple polonais n'a pas non plus de haine contre l'Empereur de Russie actuel ; mais ce qu'il exècre, c'est l'administration russe, et, en cela, il faut le dire, il n'a pas eu toujours tort. L'administration russe est un élément intermédiaire entre la volonté impériale et la nation ; elle a souvent dénaturé l'une et n'a pas toujours acquis l'estime de l'autre. Ce fait, qui a amené l'insurrection actuelle, existe en Russie de même qu'en Pologne. Les deux pays ont souffert du même mal ; seulement, l'un a attendu avec humilité des jours meilleurs et en voit l'aurore ; l'autre a perdu patience au moment où cette aurore allait poindre.

Qu'on vienne dire que la Pologne demande une garantie contre les actes de l'administration russe, qu'elle veut porter ses couleurs, sauvegarder sa nationalité, il n'y a pas un Russe qui ne réponde que la Pologne a raison. Il est vrai qu'il ne comprendra pas trop qu'on puisse tenir à des couleurs ; car il y a très-peu de Russes qui savent quelles sont les couleurs de leur propre pays, vu qu'ils n'ont pas de traditions chevaleresques. Il ne comprendra pas trop non plus peut-être, étant appelé à vivre avec tant de nations différentes, que ces nations aient perdu leur nationalité pour cela ; mais il dira : c'est l'affaire de leur volonté, ce n'est pas à moi d'en juger. Ce qu'il comprendra parfaitement, c'est qu'on puisse désirer une administration meilleure ; mais ici il faut bien formuler ce que le Russe entend par Pologne : c'est le grand-duché de Varsovie, c'est le Royaume qui est une annexe à l'Empire, et dont l'autonomie serait acclamée en Russie par beaucoup de monde. Mais la Lithuanie, la Podolie, la Volhynie, l'Ukraine, selon le sentiment et la conviction de chacun, est la Russie ; de même que Kazan, Astracan, la Tauride et tant d'autres provinces. Kiew est le grand sanctuaire de la religion russe: c'est là que vécut saint Vladimir, l'égal des apôtres, celui qui donna le baptême chrétien à la nation ; c'est là que reposent dans les catacombes les saints vénérés par l'Église; c'est la ville dont parlent les légendes et les chants populaires, c'est vers ce but que s'acheminent les milliers de pèlerins qui sillonnent constamment la Russie. Toucher à ce tabernacle, c'est frapper le Russe au cœur.

Vouloir reprendre à la Russie tout ce qui n'est pas le royaume, deviendrait le signal d'une guerre non-seulement avec le gouvernement russe, mais avec tout le peuple russe. Il n'hésiterait devant aucun sacrifice et se ferait tuer encore avec plus d'ardeur que les Polonais ne le font maintenant. Il y aurait un cri unanime, un enthousiasme devant lequel pâlirait celui de 1812, et déjà onze millions de sectaires qui, en Russie, ont toujours été hostiles au pouvoir, n'ont-ils pas demandé d'offrir les croix de bronze qu'ils portent sur la poitrine pour en faire fondre au besoin des canons contre l'ennemi.

Ainsi, pour la Russie, la question polonaise se résume sous les deux faces suivantes :

Réorganisation du royaume,

Démembrement de l'empire.

Pour ce qui concerne la réorganisation du royaume, personne ne protesterait ; mais pour ce qui concerne le démembrement de l'empire, toute la Russie se lèverait comme un seul homme. Le peuple russe n'avait rien compris à la question d'Orient, à la préséance à Jérusalem;

mais si on lui dit qu'on veut lui reprendre quatre provinces habitées par six millions de ses frères, qu'on veut lui reprendre sa ville sainte entre toutes, le carnage d'à présent ne serait qu'un faible prélude de celui qui pourrait suivre. Le gouvernement impérial russe le sait bien. C'est pour cela que, voyant le mal s'aggraver, il a dû prendre des mesures particulièrement énergiques dans les provinces soi-disant polonaises, et prévenir, par quelques châtiments exemplaires, une lutte qui, bientôt peut-être, ne pourrait plus compter le nombre de ses victimes.

Ainsi, malgré toutes les concessions faites, le pouvoir russe en est venu à prendre, vis-à-vis de la Pologne, une attitude à laquelle il est fatalement obligé et qu'il ne peut modifier avant que les insurgés ne se soumettent ou que l'insurrection, soutenue par des secours de l'étranger, ne se transforme en une guerre régulière.

La perplexité est grande, il faut le dire, et l'Europe est venue l'aggraver encore. Elle s'est émue au récit des malheurs de tout un peuple. Elle a blâmé les conséquences sans apprécier les motifs. Elle a voulu détruire ces conséquences sans être à même de détruire ces motifs. L'histoire a enregistré le fait le plus étrange qui se soit jamais passé, celui où les souverains de l'Europe viennent engager un autre souverain à accomplir le vœu le plus cher de son cœur, en arrêtant l'effusion du sang, et par là même lui en ôtent la possibilité.

Les protecteurs de la Pologne ne virent pas qu'en témoignant ainsi leur intérêt au pays insurgé, ils donnaient un nouvel aliment à la révolte, la légitimaient, pour ainsi dire, devant elle-même, et nécessitaient de plus grands efforts de répression. L'amnistie n'ayant pas été plus efficace que le recrutement forcé qui avait été la conséquence et non le motif de l'insurrection, le dévouement du grand-duc Constantin, les mesures proposées par le marquis Wielposki, n'ayant abouti qu'à exposer leur existence, il fallut bien recourir à la force, opposer la terreur au gouvernement occulte qui organisait la terreur de son côté. Tel est le fatal enchaînement de circonstances qui contraignit la Russie à accepter une guerre sans gloire et sans profit, et la mit dans le cruel embarras de frapper sans le vouloir.

Cet ensemble de circonstances se résume dans les faits suivants :

Situation équivoque de la Pologne acceptée primitivement par la Russie.

Patriotisme polonais entretenu d'un côté, froissé de l'autre.

Vexation de la part du pouvoir exécutif russe.

Influence du parti socialiste.

Influence de l'étranger et surtout de la France.

Influence et initiative du clergé catholique.

Fausse interprétation de quelques paroles.

Intervention intempestive des puissances européennes.

Après avoir brièvement indiqué les torts et les embarras de la Pologne et de la Russie dans le conflit qui émotionne l'humanité, il nous reste à parler du rôle qu'y joue la France.

Disons d'abord que le Français possède toutes les qualités et tous les défauts dont le Polonais est l'exagération. Plus enthousiaste que patient, il veut en politique des résultats immédiats. Les excès et les désastres de la révolution de 89 n'étaient autre chose que de l'impatience. Dans ses sympathies pour la Pologne, le Français demande que la Russie soit muselée, que les Polonais retrouvent leur indépendance et que tout cela se fasse sans perdre une minute, en quelques jours, si c'est possible. Il y a en outre, entre la France et la Pologne, la solidarité des souvenirs du premier Empire, le poids d'une dette de sang à payer. Il est tout naturel, par conséquent, que la France vienne assister ses compagnons de jadis, quand l'occasion sera propice, quand le jour de l'assistance sera venu. Mais doit-elle faire naître cette occasion, doit-elle compromettre sa situation, si grande et si belle actuellement, quand elle règne pour ainsi dire sur le monde, et par la force des armes, et par le calme de son administration intérieure, et par les bienfaits de la civilisation, des sciences, des arts, du commerce et par le prestige seul de son nom ! Ayant tout cela, doit-elle encore chercher autre chose et se jeter tête baissée dans la répétition de la lutte qui a perdu le premier Empire ? Certes, la générosité est une belle vertu ; certes, le vœu national est une grande puissance, mais encore faut-il que cette générosité et ce vœu ne soient pas aventurés dans un dédale sans issue. Il est beau de se savoir fort, mais encore ne faut-il pas que le sentiment de la force emporte trop loin. Il faut dire aussi que sur cent Français qui s'exaltent sur la question polonaise, il y en a trois qui la connaissent superficiellement et quatre-vingt-dix-sept qui ne la connaissent pas du tout. Presque chaque Français sait une chose, possède une spécialité, il en est maître et passé-maître. Il l'exploite et en est fier. La masse de ces spécialités réunies constitue un immense foyer de connaissances qui fait de Paris la capitale du monde civilisé. Mais en dehors de sa spécialité, de sa gloire, de ses intérêts, de ses habitudes, de ses plaisirs et de son gagne-pain, le Français se préoccupe peu de ce qui ne le concerne pas individuellement. Il abandonne volontiers l'histoire à l'historien, la géographie au géographe, et s'en remet pour la politique à l'opinion de son journal favori.

La Russie étant en dehors de son cercle d'activité, ce qu'il en sait, c'est qu'il y fait très-froid, et en outre, que c'est un pays très-grand dont les limites sont un peu vagues; car on nous a souvent demandé si Tiflis n'était pas à côté de Constantinople et si la Moldavie n'était pas au Caucase. Quant aux habitants de la Russie, on sait qu'ils sont composés de hordes de Cosaques qui tremblent devant le knout et se partagent avec un rire féroce les dépouilles sanglantes de la Pologne. Des connaissances semblables impliquent naturellement la crédulité la plus absolue. Aussi quand le journal vient relater des faits impossibles, quand surtout il fait de belles phrases sur les droits de l'humanité, sur les horreurs de la tyrannie, le lecteur se sent pénétré d'indignation et demande justice. Nous n'admettons pas la supposition blessante que la plupart des feuilles françaises aient été achetées par l'insurrection; mais ce qu'on ne saurait nier, c'est qu'elles accueillent avec une coupable complaisance les notions les plus fausses, les interprétations les plus mensongères, comme si la vérité n'était pas suffisante. Ce n'est pas en s'égarant soi-même et en égarant les autres que l'on peut soutenir la dignité de juge. Des journalistes peuvent servir une cause sans en devenir les flatteurs et les complaisants. Attribuer tous les crimes à la Russie, toutes les vertus à la Pologne, nommer tous les Russes des misérables et des assassins, tous les Polonais des martyrs et des héros, n'accepter que ce qui peut flétrir les uns, fût-ce même une calomnie, ne mentionner que ce qui peut exalter les autres, fût-ce même une impossibilité, ôter

tout aux uns, donner tout aux autres, trouver infâmes les
Russes qui se défendent, sublimes les Polonais qui atta-
quent, avoir deux opinions sur le meurtre, se rendre les
complices d'une aberration fatale, les guides d'un élan
dans les ténèbres, tout cela, il faut le dire, constitue un
délit de presse qui n'a pas encore été prévu par les lois.
Ce délit pourtant a joué un grand rôle, le rôle principal
peut-être, dans la grande question du jour. Il a faussé l'o-
pinion du peuple qui donne l'opinion à l'Europe. Il a en-
traîné les gouvernements dans une voie nouvelle, l'intervention diplomatique dans les rapports entre souverains
et sujets. Il a fait d'une question de moralité en administration une question politique et a reporté un ordre d'idées
dans un autre. Que l'administration en Pologne soit vicieuse, soit par sa faute, soit par celle de la Russie, il n'en
ressort pas encore la nécessité d'un bouleversement général. Une guerre européenne ne rendrait pas l'administration meilleure, tout au contraire, peut-être. La Pologne
n'en serait ni plus heureuse, ni plus tranquille ; car il n'y
a pas de combinaisons politiques qui puissent lui assurer une
existence indépendante entre l'Allemagne unie et la Russie unie. On peut lui faire verser encore des torrents de
sang, on peut en verser avec elle ; mais cela n'ébranlera
ni l'unité de l'Allemagne, ni l'unité de la Russie, cela les
rendra encore plus homogènes, et on n'aura fait que raf-
fermir le principe hostile qui aurait pu un jour s'écrouler
de lui-même.

Disons, puisque nous avons pris pour tâche de n'épargner la vérité à personne, que le gouvernement français
aurait pu arrêter dès le commencement des manifesta-
tions qui l'entraînent peut-être plus loin qu'il n'aurait
voulu. Il a toléré les cris des journaux, les réunions

pour la sainte cause, les propagandes patriotiques, il a
été plus loin, il a voulu intervenir par des conseils dont
l'opportunité ne pouvait avoir d'autre résultat que celui
qu'elles ont eus. Que l'Empereur des Français, si habile
dans l'art de gouverner, se soit entendu de souverain à
souverain avec l'Empereur de Russie sur quelques sages
mesures à prendre, il est hors de doute que les deux
monarques, animés tous deux du même amour des institutions libérales et du progrès dans l'ordre, auraient
trouvé le moyen de mettre un terme aux troubles de la
Pologne. Mais au lieu de cela, des notes émanant de tous
les cabinets vinrent comme une intimidation blesser l'amour-
propre des Russes et donner un nouvel élan à l'insurrection polonaise. Le remède apporté au mal ne faisait que
l'aggraver. La Russie répondit par une dénégation polie,
pour prouver qu'elle désirait le maintien de la paix européenne. Elle fit même entrevoir qu'elle n'était pas éloignée
de donner au royaume de Pologne des institutions constitutionnelles semblables à celles qui existent en Prusse et
en Autriche pour les pays polonais, et que pour cela elle
était prête à se concerter avec ces deux puissances. C'était
l'expression d'un vœu sincère, d'une solution possible, la
seule qui ne fût pas diamétralement opposée aux intérêts
vitaux de la Russie. La presse française y vit une raillerie,
une désobéissance à ses ordres. Mais que pouvait-elle
attendre? que la Russie déclare pour lui complaire, qu'elle
cesse dorénavant d'être ce qu'elle est, qu'elle rend les
provinces à la Pologne reconstituée, qu'elle rend Orenbourg
aux Kalmoucks, Kasan aux Tatars, la Finlande aux
Suédois; qu'elle ne veut plus être que le noyau de ce qu'elle
a été, pas même la Russie, mais la Moscovie! Et quant
elle ne dit pas cela, on l'accuse de duplicité. De quoi l'accu-

serait-on si elle le disait? Toute la question politique polonaise a été placée sur un terrain tellement mouvant, au
milieu de tant de réticences, qu'on s'y retrouve avec peine.
Qu'est-ce que l'on veut pour la Pologne, et qu'est-ce que
la Pologne? Est-ce celle de 1772 ou de 1815? Cela vaut la
peine d'être expliqué. Si c'est celle de 1815, veut-on son
indépendance absolue ou bien un changement d'administration? Si c'est un changement d'administration, la Russie
le veut aussi, et il n'est pas nécessaire de s'égorger pour
cela. Et la question politique n'est plus une question politique, mais une question de règlement sur laquelle la
Russie peut statuer mieux que n'importe quel autre État;
car la Russie connaît la situation des choses, et les autres
États ne peuvent la connaître. Il ne s'agit que de s'entendre avec la Pologne d'abord, puisque cela la concerne,
et puis avec les puissances dont on ne dit rien et qui, de
même que la Russie, ont pris leur part dans le partage. Si
on venait proposer à la France de réglementer ses actes en
Algérie, si on proposait à l'Angleterre de songer au sort
des Irlandais, croit-on que la France et que l'Angleterre
répondraient avec politesse? Pourquoi la Russie doit-elle
donc accepter ce qu'aucune puissance n'aurait accepté à
sa place? C'est parce que l'on croit que l'insurrection est
très-forte et que la Russie est très-faible. C'est ce que croit
la presse française, et en cela elle s'abuse cruellement.
L'insurrection n'est forte que pour soutenir une lutte de
partisans et non une grande guerre. N'ayant pas le peuple
pour elle, comme nous l'avons dit plus haut, elle manque
de bases solides, elle manque d'armes, de vivres, d'argent,
de tout ce qui fait le nerf de la guerre, et il faudrait lui
donner tout cela. La Russie, de son côté, est loin d'être
faible. Elle a profité de la leçon de Sébastopol, où pendant

treize mois, elle a tenu avec de mauvais fusils, de mauvais canons et manquant de poudre, contre les carabines Minié, les canons Paixhans et tous les projectiles de trois armées. Nous nous en rapportons là-dessus aux Français qui ont fait la campagne. La Russie est sous les armes maintenant, et la guerre qui la menace est pour cette fois non pas une question d'Orient, mais une question de vie ou de mort.

La campagne de Crimée n'a été au fond que l'épisode d'une guerre et non pas encore une guerre véritable. Mais qu'une lutte corps à corps entre la Russie d'un côté, la Pologne, la France, la Suède et l'Italie de l'autre, vienne à ébranler l'Europe, il y aura, à n'en pas douter, une effroyable dépense d'hommes et une effroyable dépense d'argent. En supposant que la Russie soit terrassée et que sur ses débris vienne s'établir la Pologne nouvelle, la France aura encore de la gloire, mais avec la ruine !...

Le gouvernement impérial français peut-il se reconnaître le droit d'aller au devant d'un avenir semblable ? Peut-il s'engager dans une guerre interminable, sans bien peser les moyens et les résultats de cette guerre ? Va-t-il de nouveau augmenter la dette qui pèse sur lui, les impôts qui pèsent sur son peuple ? Va-t-il arracher au commerce, à l'agriculture, au progrès intérieur, au développement de son pays, ses meilleures forces et ses bras les plus robustes ? Va-t-il tenter des expéditions chanceuses et lointaines, en laissant son pays ouvert d'un côté à la Prusse, qui occupera le Rhin, de l'autre à l'Angleterre son ennemie naturelle ? Et tout cela parce que l'opinion d'un peuple généreux le pousse, parce que des journaux se laissent emporter par l'imagination, parce que la Pologne ingouvernable ne veut pas être gouvernée et ne peut pas être indépendante.

Ainsi, la France n'est pas moins embarrassée dans le conflit actuel que la Pologne et la Russie. Si elle recule, elle rompt avec ses sympathies et les promesses qu'elle a fait entrevoir ; si elle avance, elle joue un enjeu terrible dans une partie où elle n'a rien à gagner.

Tel est l'embarras de la situation, dont la source est dans une opinion publique faussement dirigée et acceptée par le gouvernement.

Dans ce chaos d'embarras divers, on chercherait vainement, nous le répétons, une solution possible émanant d'une combinaison politique quelconque.

De quelque côté qu'on dirige sa pensée, on ne rencontre qu'impossibilité, impossibilité de la guerre, impossibilité de la paix. Et en attendant, le sang coule, les victimes gémissent, on voudrait courir à leur secours, on voudrait sauver et le Polonais que l'on fusille et le Russe qu'on assassine, et l'on se trouve sans voix, sans force, et de même que dans tous les grands malheurs, on finit par lever avec anxiété ses regards vers Dieu, qui dans sa bonté infinie peut seul éclairer les peuples et diriger les événements.

II

L'exaspération polonaise est arrivée à un degré tel, que la réaction, comme dans toutes les grandes crises, semble devenir possible. Il y a une certaine dose de haine qui, ne pouvant plus être dépassée, ne peut que s'affaiblir.

Il y a en outre en Pologne, comme partout ailleurs, deux classes distinctes d'individus : ceux qui ne possèdent rien et ceux qui possèdent quelque chose. Ceux qui n'ont rien à perdre et tout à gagner, ceux qui vivent de la calamité publique, ont intérêt à l'entretenir ; mais ceux qui ont connu les avantages de la propriété et de l'indépendance, ceux qui pensent à assurer l'avenir de leur famille, ne peuvent pas ne pas être fatigués de sacrifices constamment renouvelés et constamment inutiles. Tremblant pour les êtres qui leur sont chers, écrasés de contributions, privés de leurs revenus, voyant la ruine et la faim à leur porte, prévoyant la misère et la mort de leurs enfants, auxquels ils ne peuvent léguer autre chose, il est impossible qu'ils ne fassent pas de tristes retours sur eux-mêmes. Ils accomplissent un triste devoir, mais ils en subissent les conséquences. Ils refuseront toute espèce d'accommodement si on leur impose quelques humiliations nouvelles ; mais s'ils parviennent à avoir la conviction que leur nationalité sera respectée, que la lutte qu'ils ont entreprise n'aura pas été stérile pour la dignité et le bien-être de leur pays, ils courberont la tête devant l'idée que le jour de l'indépendance polonaise n'est pas encore venu. Il y aura donc moyen de s'entendre avec eux, de les gagner à la cause de l'ordre et, par leur entremise, de faire cesser le carnage actuel.

Nous avons été à même de nous entretenir sur ce sujet avec quelques honorables patriotes polonais, et voici ce qu'ils nous ont dit :

« Tant qu'il y aura pour nous la moindre lueur d'espoir d'une intervention armée de la part de la France, nous maintiendrons l'état actuel, nous n'écouterons rien, nous ne consentirons à rien, et le secours une fois venu, nous tâcherons de reprendre à la Russie tout ce qu'elle nous a pris. Mais si la France ne vient pas à notre aide avec un corps d'armée, nous pourrions encore nous soumettre, à de certaines conditions, pourvu que ces conditions ne fussent pas pires que la mort. »

Il résulte, non-seulement de cette déclaration, mais bien plus encore de l'état des choses, que l'avenir de l'insurrection polonaise est entre les mains de la France et pèse, pour ainsi dire, sur sa conscience. Une décision prompte devient donc une question de loyauté, car tout délai emporte des victimes et ruine des familles. Certes, cette décision n'est pas facile. Si le concours est refusé, le peuple français croira avoir manqué à un devoir ; si le concours est accordé, l'avenir et le bien-être de la France seront compromis, non pour des intérêts politiques français, mais pour des sentiments généreux qui ne seraient appréciés qu'à la suite de résultats qui semblent impossibles.

Nous ne saurions indiquer ici de route à suivre, nous constatons le fait, nous appuyons, en vue de l'humanité, sur l'urgence d'une prompte décision pour un peuple infortuné qui n'a ni les moyens de combattre, ni le droit de se déclarer vaincu. Ce que la Pologne demande et attend de la France, c'est un oui ou un non, pour se préparer, ou bien au combat, ou bien à la mort, ou bien à une vie nouvelle. Ce que la Russie demande et attend de la France, c'est, ou bien une *guerre loyale*, ou une *paix loyale*, qui n'envenimerait pas la discorde par une attente irréalisable et de stériles agitations (1). Ce que la France peut demander et attendre de la Russie, c'est de la justice et de la générosité après la fin de la lutte, et, certes, elles ne feront pas défaut au jour de la réconciliation. Car, on ne saurait assez le dire, la cause nationale polonaise n'a pas d'ennemis en Russie, et il ne faut pas confondre la répression d'une révolte qui menace tout un ordre social et l'intégrité d'un grand empire, avec le sentiment d'équité de la conscience publique.

Toute nation a le droit et le devoir de tenir à sa nationalité, toute nation doit sauvegarder sa religion, sa dignité, ses intérêts, ses habitudes et ses affections. Toute nation doit, en un mot, rester nation si elle ne veut pas se mépriser elle-même.

Il ne ressort pas rigoureusement de là que pour rester nation elle doive former un État politique individuel et indépendant. Si ce principe était une condition vitale, la Russie devrait se partager en cinquante ou soixante États différents. Tous ces États formeraient le chaos, tandis

(1) La convocation du congrès européen annoncée par le discours du 5 novembre, a reconnu déjà la nécessité de préciser nettement les relations des États européens entre eux.

que maintenant ils représentent une grande puissance.

Il y a en Russie une nationalité très-jalouse de son origine et de ses droits, qui n'y souffre aucune atteinte et qui pourtant n'a jamais eu les priviléges que la Pologne rejette avec mépris, c'est la nationalité allemande. Les Allemands des provinces baltiques n'ont pour eux ni les sympathies du peuple russe, ni la force du nombre ; mais ils sont le sentiment de leurs droits, de leur devoir, de leur intérêt. Ils ont accepté franchement leur situation, et ils se sont unis en un faisceau compact. Ils ne permettent pas à leurs prêtres de prêcher politique dans les églises, mais ils entretiennent dans leurs familles le sentiment religieux et la morale chrétienne. Ils ne perdent pas leur temps à rêver gloire et résurrection de l'Ordre des Porte-Glaives, mais ils se groupent autour de leurs institutions et les font respecter; citadins, ce sont eux qui administrent leurs villes; propriétaires, ce sont eux qui font la police communale et qui président les tribunaux. Ils n'oublient rien et maintiennent tout, leurs croyances, leurs traditions, leur langue, leurs priviléges. Ils ont rencontré quelquefois des obstacles, et ils les ont surmontés par l'unité et la persévérance. Mais pour cela ils n'ont pas chanté d'hymnes séditieux, ils n'ont pas fomenté de conspirations et de désordres, ils n'ont pas revêtu de costumes particuliers, ils n'ont pas réclamé l'assistance de l'Europe, et au lieu de s'apitoyer sur leur situation, ils ont tâché de la rendre meilleure. Aussi, n'ont-ils pas besoin de se faire un vocabulaire à leur usage, ils n'ont pas besoin de nommer l'armée russe des hordes de barbares, avides de sang et de pillage, car ils y prennent du service, s'y distinguent et ne se trouvent pas dans la cruelle alternative de trahir leur patrie ou de déserter leurs drapeaux. Ils n'ont pas besoin d'altérer la vérité pour excuser des meurtres, des disparitions de fonds publics et toutes les horreurs d'une guerre civile dont ils chercheraient vainement à faire retomber toute la faute sur leurs oppresseurs. Ils n'auraient pas besoin d'exalter chez eux ce qu'ils stigmatisent chez les autres.

La présence des provinces baltiques à côté de la Pologne insurgée suffit à prouver que le gouvernement russe respecte toute nationalité dans son empire tant qu'elle n'est pas agressive, tout en maintenant ses intérêts.

Quelque dures que puissent paraître les paroles que nous venons de tracer, il n'y a pas de Polonais impartial et consciencieux qui n'en reconnaisse la justesse. Les peuples comme les hommes ne récoltent que ce qu'ils ont semé. Dire que dans le conflit actuel, toute la faute retombe sur la Russie serait absurde. La Pologne pourrait bien en prendre sa grande part. Si elle ne le reconnaît pas, c'est qu'elle s'aveugle sur elle-même ou se laisse aveugler par cette nouvelle variante de flatteurs que l'on pourrait nommer les flatteurs de l'infortune.

Au Caucase, il y a de petits États qui s'administrent eux-mêmes et qui ne relèvent de la Russie qu'à titre de fiefs. Les Cosaques du Don ont leur administration individuelle. Le royaume de Géorgie conserve fidèlement ses mœurs, ses croyances, sa langue, son costume pittoresque (1). Le Géorgien a d'ailleurs quelque ressemblance avec le Polonais. Il est pieux, brave, insouciant, chevaleresque, aimant les aventures et le plaisir, dominé par les femmes, passionné dans ses affections, et le costume qu'il porte diffère peu de l'ancien costume polonais. Peut-être

(1) Un publiciste français destine ce pays à la Turquie, qui, pendant quatorze siècles, avait commis dans le Caucase chrétien les excès dont on a vu dernièrement la répétition en Syrie.

aurait-il voulu revenir au beau temps de son indépendance et de sa force, au règne glorieux de la reine Tamara ; mais il sait qu'avec l'indépendance politique reviendraient les agressions de la Perse et de la Turquie, et il préfère l'égide d'une grande puissance aux convulsions d'une autonomie impossible.

Les journalistes qui condamnent la Russie seraient bien surpris d'y voir des pays entiers où ce sont les indigènes qui jouent le rôle principal et les Russes le rôle secondaire. Ceci renverserait peut-être leur théorie au sujet des infâmes qui ne peuvent se maintenir que par les atrocités les plus barbares. Ceci les amènerait peut-être à faire quelques réflexions sur cet étrange gouvernement, qui se montre si doux envers de certains peuples et si sévères envers d'autres. Ils réfléchiraient peut-être sur la cause d'une anomalie semblable et la trouveraient tout naturellement. Ils se diraient qu'il y a des nationalités que la Russie n'attaque pas et ne peut attaquer sans rendre sa propre existence impossible. L'empereur de Russie, ouvrant en personne la diète de Finlande, n'a-t-il pas donné une preuve éclatante de son respect pour les institutions locales de son Empire? Et quand dernièrement il vint en Livonie (1) se reposer un instant des soucis de son règne, il trouva dans sa chambre cette inscription dictée par le cœur de toute une nation : « Ici tu peux dormir en paix, car notre « pays tout entier veille pour toi. » Il y a donc des pays en Russie qui ne sont pas russes et qui ne gémissent pas sous le knout des Cosaques, et qui comprennent qu'en s'unissant dans leurs propres intérêts, en s'administrant

(1) C'est la province que l'auteur d'une brochure offre, par une combinaison qui échappe à notre entendement, *au Danemarck*. Un autre auteur n'en offre qu'une partie *à la Suède;* mais il y ajoute l'Estonie.

eux-mêmes, ils ne font qu'alléger la tâche du gouvernement impérial. Le respect des nationalités est donc un principe inhérent et à la nationalité russe et à l'autorité russe, et ce n'est que le respect à la rébellion que l'on ne peut pas exiger d'elle.

Nous avons dit plus haut que la tolérance religieuse était également inhérente et à la nation russe et au pouvoir qui la représente. Quand on a soutenu que le sentiment national et le sentiment religieux ont été attaqués en Pologne, on a oublié de dire qu'ils n'avaient été attaqués qu'en Pologne, ce qui eût été significatif. Il devait y avoir une cause à ce fait. Cette cause était qu'en Pologne le sentiment national ne rêvait que l'indépendance et que le clergé ne faisait qu'entretenir ce rêve.

Le gouvernement russe n'a poursuivi ni la nationalité ni la religion, mais l'abus de cette nationalité et de cette religion qui menaçait sans cesse le maintien de l'ordre général. Il l'a fait peut-être par l'entremise d'employés grossiers, la police n'étant aimable nulle part ; mais il a fait ce qu'il se sentait forcé de faire, contrairement à sa règle de conduite dans les autres parties de son Empire.

Ainsi ces paroles impériales qu'on a tellement dénaturées, « pas de rêves, » étaient-elles l'expression d'un cœur plein d'amour. Elles voulaient dire : « Donnez-moi la possibilité de faire pour vous ce que je fais pour les autres. N'entravez pas par des illusions dangereuses pour votre avenir, le cours naturel des événements. Donnez-moi *le droit* de me faire aimer, au lieu de m'imposer le *devoir* de sévir. Vous respectez votre nationalité, moi aussi, car je respecte toutes les nationalités de mon empire. Vous respectez votre religion, moi aussi, car je respecte toutes les religions de mon empire. N'employez pas ces deux affections de votre vie à rendre toujours plus pesants les liens qui nous unissent. Ce n'est pas moi qui vous donnerai des chaînes, car j'ai brisé celles de mes autres sujets. Je ne vous demande que de la sincérité, de la patience, qu'une soumission franche à un ordre de chose que je n'ai pas établi et que je ne puis changer.

Ceci, hélas ! n'a pas été compris, mais les sentiments que nous venons d'exprimer n'en existent pas moins dans le cœur de celui qui n'a pas hésité à mettre les intérêts de son peuple au-dessus du sien.

La Pologne a été bien coupable d'infliger à un cœur pareil le douloureux supplice de voir couler tant de sang sans pouvoir l'arrêter. Ce cœur, qui souffre de l'impatience du pardon, aura-t-il bientôt enfin le droit de rendre au devoir austère de l'Empereur les douces joies de l'homme ? Ce cœur est sincère, nul n'oserait en douter. Il serait si simple alors d'être sincère avec lui. Quant au rêve, quelque beau qu'il soit, ce n'est pourtant qu'un rêve, qu'une chimère insaisissable ; il y a un réveil qui doit ramener à la juste appréciation des choses. Il semblerait si naturel que l'insurrection se réveillât aussi de ce rêve dont le danger lui avait été signalé et que, passant du rêve à la réalité, elle cherchât le remède à ses maux dans le cœur de son souverain.

Cette conclusion est la seule possible dans le conflit actuel, vu que le simple bon sens indique l'impossibilité d'une solution autre, ainsi que nous avons tâché de le démontrer plus haut. L'enthousiasme peut faire de belles actions isolées mais n'organise pas des États. Le journalisme peut fausser des opinions, mais ne fait pas crouler des empires. On se demande avec angoisse combien il faudra encore immoler de monde pour finir par le comprendre.

Ce n'est que dans la Russie que la Pologne peut trouver sa véritable assistance, parce que le bonheur de la Pologne n'est important que pour la Russie.

Nous ne répéterons pas avec M. de Girardin, dont toute la courageuse polémique a été dictée par le génie du bon sens, la phrase devenue célèbre : *la Pologne libre dans la Russie libre*. La liberté, sans passions, est l'idéal des gouvernements, et le monde n'en est pas encore digne. Notre programme le voici :

La Pologne de 1815 dépendante de la Russie, mais administrée par elle-même à côté de la Russie civilisée.

Il impliquerait comme considérant les thèses suivantes :

1° La Pologne véritable, celle qui tend à se régénérer, n'est pas la fraction de la Pologne nommée royaume, mais la Pologne tout entière, celle de 1772. C'est la seule Pologne possible une fois qu'elle devra former un État indépendant.

2° La force majeure qui a présidé au partage de la Pologne existant toujours, la résurrection de la Pologne ne pouvant s'effectuer que par le démembrement de la Russie et d'une partie de l'Allemagne, est actuellement d'une complète impossibilité.

3° La France ne pouvant sans compromettre tous ses intérêts se mettre à la place de la Pologne, ne lui offrirait qu'un appui momentané, à la fin duquel l'Allemagne et la Russie rentreraient de nouveau dans leur droit du plus fort et la lutte n'aurait été qu'un carnage stérile.

4° La question politique polonaise n'en est donc pas une, vu qu'on ne peut y trouver une base de solution.

5° La question morale n'en existe pas moins. C'est celle

qui donne à un peuple mécontent de son administration le droit d'en réclamer une meilleure.

6° Ce droit étant indiscutable, nous avons cherché la solution de la question morale dans le programme que nous venons d'énoncer. D'abord nous avons séparé le royaume de 1815 des provinces qui font partie intégrante de l'Empire et qui comptent plus de Russes que de Polonais (1). L'idée que le même souverain ne peut pas être à la fois constitutionnel dans un pays et absolu dans un autre, ne nous semble pas plausible. Les deux pays peuvent se trouver dans des conditions différentes d'exigences et de civilisation. Le royaume de Pologne peut-être mûr pour la constitution. La Russie, où le paysan ne sait pas encore lire, où les classes intermédiaires ne forment pas de bourgeoisie et n'ont encore ni civisme, ni éducation morale suffisante, n'est qu'en voie d'acheminement vers la constitution définitive. Elle fait des progrès rapides dans cette voie, le peuple se civilise à vue d'œil, et c'est sur l'appel du souverain que cette grande révolution s'opère. Tout cela n'est pas aussi barbare que les journalistes français veulent bien le dire. La constitution polonaise sera acclamée par toute la Russie intelligente, qui y verra une promesse pour son propre avenir.

La charte constitutionnelle reconnaîtrait d'abord au royaume de Pologne la tolérance religieuse, le respect de la nationalité. Nous avons vu que cela ne serait pas difficile, car la Russie ne les refuse à personne, à moins qu'ils ne servent de déguisement à la rébellion. Les autres clauses, charges et garanties de la Constitution pourraient, ce nous semble, être discutées officieusement d'avance entre les

(1) Il s'y trouve 1,027,947 Polonais, 5,921,580 Russes, 1,645,587 Lithuaniens, 1,139,633 Juifs, 113,718 divers.

délégués du pouvoir auquel la Pologne donne toute sa confiance et quelques personnes qui auraient la confiance du gouvernement russe.

Il va sans dire qu'il ne pourrait y avoir de pourparlers en règle entre des sujets révoltés et des représentants officiels de leur souverain. Mais ici la voie officieuse semble naturelle et désirable. Elle amènerait peut-être la suspension d'hostilités qui n'était pas admissible de la manière proposée par la voie diplomatique. Elle aurait surtout pour résultat d'importance majeure, que les Polonais n'auraient plus la possibilité d'être toujours mécontents des droits qu'on leur accorde, parce que cette fois ils les auraient stipulés eux-mêmes, ils auraient eu eux-mêmes l'initiative dans la forme de l'administration qu'ils auraient voulu avoir. Il n'y a nul doute que le gouvernement russe, en maintenant les bases principales de sa suzeraineté sur le royaume de Pologne, se montrera très-coulant pour les détails. Il en a donné une preuve éclatante que l'Europe n'a pu comprendre mais que la Russie a parfaitement appréciée. C'était la nomination du marquis Wielposki à un des postes les plus importants de l'Empire, sans que le marquis ait passé par la filière des grades et des emplois qui est encore imposée à tout employé relevant du gouvernement russe. Ce fait sans précédent, ce fait qui était toute une révolution dans un ordre d'idées et de principes maintenu jusqu'alors strictement, était une preuve irrécusable du désir qu'avait l'empereur de Russie de remettre entre les mains des Polonais leur administration intérieure, sans tenir compte des usages en vigueur dans l'Empire même. Si le marquis Wielposki vit toutes ses bonnes intentions paralysées, c'est qu'il avait été *donné* par la Russie et non pas *demandé* par la Pologne. Les mesures les plus libérales eurent le même sort. La formation du conseil d'État, les élections municipales furent accueillies avec défiance. On ne voulait plus rien accepter comme don, on voulait tout revendiquer comme droit.

Eh bien, cette satisfaction d'initiative, nous osons le croire, pourrait être donnée, ne fût-ce que pour mettre un terme à cette lutte étrange où celui qui frappe se sent encore plus malheureux que celui qui est frappé.

Et puis, il faut le dire, le dévouement des Polonais à leur pays doit être pris en considération. Ce dévouement n'a pas de point de départ solide, n'a pas de but bien défini ; mais il existe, et comme tout dévouement, comme toute croyance, il a droit à la sympathie. Loin de nous la pensée de confondre l'idée socialiste avec l'idée patriotique. Si, au point de vue politique, l'insurrection a été une faute, l'élan du patriotisme polonais au point de vue moral a été souvent sublime.

L'amour de la liberté est plus qu'un culte ; c'est un droit qui finira toujours par prévaloir et que les peuples doivent respecter entre eux. Mais la liberté n'est pas la vengeance. La liberté est un fait moral et non une forme politique. La liberté morale peut être réclamée et obtenue en quelques instants, la forme politique des États est l'œuvre des siècles.

Si nous ne sympathisons pas avec le programme polonais, nous admirons sincèrement le courage d'un peuple malheureux. Nous nous associons à ses douleurs, nous voudrions le voir chercher son salut là seulement où il peut être, nous voudrions pouvoir dire avec lui au cœur ému de son souverain :

« Sire, Dieu a mis sur votre front deux belles cou-

« ronnes, celle de l'empire de Russie, celle du royaume
« de Pologne. Ces deux pays ne peuvent être unis que
« par un lien d'amour et de reconnaissance envers votre
« personne. Russe dans votre empire, vous êtes Polonais
« dans votre royaume. Laissez-nous l'orgueil d'être de notre
« pays, car nous aimons mieux mourir que de renoncer à
« notre orgueil national. A peine étiez-vous monté sur le
« trône, que déjà vous aviez acquis le surnom le plus glo-
« rieux que l'histoire puisse décerner à un souverain, ce-
« lui de Libérateur. — Achevez votre œuvre, Sire. Puis-
« que vous avez proclamé vous-même que la liberté est
« sainte, donnez-nous la liberté d'agir comme des hommes
« libres, qui s'administrent eux-mêmes dans les limites de
« lois immuables et de soumission politique à votre scep-
« tre. Nous ne connaissons pas la crainte, mais qui pour-
« rait dire que nous ne connaissons pas l'enthousiasme ?
« Que cet enthousiasme, changeant de direction, puisse
« se reporter sur vous !

« Le sang de la guerre civile, n'importe de quel côté
« se trouve le droit, a toujours tort de couler. Que le
« malheur qui a frappé et votre règne et nos familles ne
« soit pas le signal de malheurs nouveaux, mais la source
« d'une vie nouvelle pour nous, d'une paix durable pour
« tout le monde, d'un progrès dans la civilisation de nos
« frères de Russie ! Ce malheur alors n'aura pas été sté-
« rile. Toute guerre n'est qu'un malentendu qui enraye
« le progrès, qui indigne l'humanité et qui détruit le
« Christianisme. Nous avons méconnu votre cœur, Sire.
« Punissez-nous par la clémence, et l'histoire prouvera
« si on a eu raison de nous croire capables d'ingratitude. »

III

Il nous reste encore à prévenir quelques objections qu'on pourrait nous faire.

Nous avons tâché d'envisager les deux faces de la question polonaise, non-seulement en dehors de tout esprit de parti, mais en dehors de tout engouement national. Ce n'est ni au point de vue russe, ni au point de vue polonais, ni au point de vue français, que nous avons voulu nous placer, mais au point de vue de l'équité absolue et immuable, le même pour tous les partis et pour toutes les nations.

Chaque parti, chaque nationalité pourrait par conséquent nous faire des objections.

Les Russes d'abord nous en feraient plusieurs.

Quelques-uns viendraient nous dire : Vous avez signalé avec raison que la cause première et permanente de l'insurrection polonaise se retrouvait dans la création illusoire d'un semblant de royaume. Ce principe, il ne s'agit pas de lui donner une force nouvelle, mais de le détruire. Il faut attaquer le mal dans sa racine, il faut faire disparaître jusqu'au nom du royaume de Pologne avec ses demi-priviléges, faire avec le grand-duché de Varsovie ce qu'on a fait avec les provinces polonaises, c'est-à-dire l'incorporer dans le grand tout de l'Empire. Il faut la sécurité définitive, il faut la soumission complète, fût-ce même au prix de l'extermination de tout un peuple et de la guerre avec toute l'Europe. Telle serait l'opinion du parti russe absolutiste.

D'autres nous diraient : Que parlez-vous de constitution polonaise ? Pourquoi donnerions-nous aux Polonais ce que nous n'avons pas nous-mêmes ? Est-ce parce qu'ils se révoltent et que nous sommes soumis ? Ne serait-il pas bien plus juste de proclamer la constitution pour la Russie entière ? La Pologne aurait alors ses représentants aux chambres de Saint-Pétersbourg. Elle deviendrait le pays libre dans le pays libre ; les cabinets européens seraient dégagés et une ère de prospérité générale commencerait pour tout le monde. — Voilà ce que diraient les Russes qui rêvent la constitution et ne cherchent dans le conflit polonais qu'un marche-pied pour y arriver plus vite.

D'autres Russes, enfin, ceux qui forment la majorité et qui sont absolus et libéraux en même temps, amalgame bizarre qui se retrouve partout, s'écrieront avec orgueil : Pas d'entente avec des rebelles, pas de pourparlers officieux ou autres ; pas de stipulations préalables ! La soumission pleine et entière avec toutes ses humiliations, avec tous ses levains de rancune ; mais après cela, une pluie de bienfaits, une constitution des plus libérales, octroyée généreusement par la Russie triomphante.

Telles seraient les trois objections qu'on pourrait nous faire aux trois points de vue strictement russes : absolu, libéral, absolu et libéral en même temps.

Nous allons tâcher d'y répondre.

L'histoire ne recommence pour personne, pour la Russie pas plus que pour la Pologne. Un demi-siècle a consacré une erreur magnanime. Cette erreur a porté ses fruits.

Elle n'est plus un arbre qu'on déracine aisément ; elle est devenue une forêt entière qui couvre tout un pays. Cette erreur a fait en Pologne de l'idée patriotique une religion, de cette religion un fanatisme, de ce fanatisme un martyre. La force brutale peut réprimer une émeute, peut rétablir un calme apparent et passager, elle ne peut rien contre une idée, encore moins contre une passion. Si on déclarait la déchéance définitive du royaume de Pologne, le sentiment polonais n'en deviendrait que plus vivace ; car ce n'est que dans l'adversité que les croyances trouvent le développement entier de leurs forces. La même mesure qui, en 1815, n'aurait eu qu'une signification presque nulle, prendrait en 1864 des proportions formidables. Elle motiverait non-seulement une guerre générale, mais l'impossibilité, à la longue, de garder sous un joug de plus en plus pesant un peuple de plus en plus exaspéré. L'extermination systématique d'une race ne pourrait d'ailleurs être admise au dix-neuvième siècle comme mesure de précaution. La force deviendrait bientôt encore plus impuissante qu'elle ne l'est déjà, et il faudrait bien, de guerre lasse, changer de système.

La proposition d'en finir d'un coup avec tous les embarras actuels en donnant une constitution à la Russie, est certes fort ingénieuse. D'un seul trait de plume l'Europe serait dégagée, la Pologne obligée d'être satisfaite, la Russie glorifiée et acquise définitivement à la civilisation. Ce serait certes fort beau et fort habile ; mais ici il faut faire observer qu'une constitution de l'empire de Russie ne s'improvise pas comme une note diplomatique ou comme un article de journal, qu'il n'est pas aisé de la faire surgir du jour au lendemain après l'avoir tenue en réserve toute prête et toute à point pour une grande occasion. Ce n'est

pas pour le plaisir de l'Europe, mais pour le bonheur de la
Russie que cette constitution devra voir le jour. L'important n'est pas d'y arriver vite mais d'y arriver bien. Cette
grande question d'avenir pour tant de nationalités différentes et divergentes, cette formule suprême d'ordre et
de progrès qui soumettrait tant d'éléments étrangers l'un
à l'autre au culte unanime de la loi écrite, cette fusion de
la tradition orientale avec le civisme de l'Occident, tous
ces principes vers lesquels tendent les actes du gouvernement et les impatiences du parti progressiste, tout cela
ne pourrait éclater subitement à l'improviste, comme une
annexe soudaine à la question polonaise. C'est une question individuelle, une question éminemment russe, ce n'est
ni un expédient, ni un pis aller, ni une improvisation
possible. C'est le grand problème du pays et devant ce problème, tous les autres, même le conflit polonais, n'offrent
pour la Russie qu'une importance secondaire. Ce n'est pas
ici le lieu de parler des difficultés de ce problème, mais
quiconque désire le progrès et non le changement sait que
ces difficultés seraient nombreuses ; qu'un parlement com-
posé de toutes les nationalités du colossal empire serait
une tour de Babel ; qu'il faudrait bien des études pour
préparer un ordre de choses sans antécédent et sans
modèle en Europe, et bien du bonheur pour rendre gra-
duellement saines les parties malades d'un corps social.
Là, toute précipitation pourrait être funeste, tout mal
reconnu pourrait être remplacé par un mal plus grand
encore. Ainsi les préparatifs d'une constitution russe ne
pourraient être qu'une promesse à échéance plus ou moins
longue et non un remède immédiat. Or, ce qui est surtout
désirable dans la question polonaise, c'est d'y trouver une
solution aussi prompte que possible, celle qui viendrait

comme un baume souverain arrêter le sang qui coule à
flots. La constitution russe serait-elle ce baume? Nous en
doutons, car dans un parlement russe les Polonais seraient
toujours étouffés par la majorité. Ils le comprendraient
bien avant même de vouloir y prendre part. Le mécontentement ne ferait que croître ; la lutte recommencerait plus
acharnée que jamais, en cherchant de nouvelles chances
au milieu des crises constitutionnelles, et l'Europe aurait
encore à intervenir, soit par de nouvelles notes incendiaires, soit enfin par la voie des armes.

A ceux qui maintiennent la conviction qu'il faut attendre
que l'insurrection soit terminée pour s'occuper du bonheur
de la Pologne, nous nous permettons de dire que ce n'est
qu'en faisant le bonheur de la Pologne qu'il est possible de
terminer l'insurrection. L'insurrection n'est pas dans les
poignées d'hommes qui font le coup de feu derrière des
massifs d'arbres. Elle est dans le premier souffle de l'enfant,
dans le dernier soupir du vieillard, elle est dans les prières
de chaque matin, dans les regrets de chaque soir, elle est
dans les clauses de l'amour, dans les liens des familles,
elle est dans l'air dont on vit. Qu'elle dépose ou qu'elle
ne dépose pas les armes, ce n'est, aux victimes près, qu'un
détail, qu'une considération d'opportunité ; c'est la source
de la révolte qui est significative et non ses moyens d'exécution. Qu'importe la manière dont se produisent les
symptômes d'une maladie, quand la maladie est là, la plus
terrible de toutes, celle de la haine. Ce n'est pas sur les
symptômes, mais sur la maladie qu'il faut agir, et cette
maladie provient surtout d'un froissement continuel d'amour-propre, celui qui fait les haines les plus acharnées.

Ce froissement a amené une rébellion tantôt sourde,
tantôt ouverte d'un côté ; de l'autre, un déploiement de

rigueur, confié à des agents subalternes souvent inhabiles et grossiers, les Russes civilisés évitant d'aller vivre dans un pays devenu inhabitable. Nous ne croyons pas nous tromper en affirmant que ce que la Pologne désire et réclame bien plus que les droits civiques, c'est une réparation, une satisfaction d'amour-propre. Ceci obtenu, elle se contenterait de bien moins qu'elle ne le croit elle-même et finirait par comprendre que l'impossible après tout est l'impossible. Ce qu'il faut au caractère impressionnable, à l'imagination ardente des Polonais, c'est la conscience d'avoir retrouvé la dignité de son nom. Il lui faut son drapeau national sous son aigle bien-aimé, son costume traditionnel, son vieux sabre et son bonnet carré, de l'amaranthe et du bleu sur les uniformes au lieu du rouge et du vert, qui lui paraissent les stigmates de l'esclavage; il lui faut un roi couronné à Varsovie, des décorations polonaises pour des Polonais et non pour des Russes; il lui faut la mise en scène de l'autonomie peut-être encore plus que l'autonomie elle-même qui serait une source incessante d'embarras et de malheurs. Il y a de ces choses qui paraissent une puérilité pour tout le monde excepté pour ceux qui y voyent une insulte. On ne peut s'habituer à l'idée d'être méprisé. Quelque fausse que puisse être cette idée, il suffit de l'avoir pour que les conséquences s'en déduisent d'elles-mêmes. On en arrive à vouloir rendre mépris pour mépris et telle est sans nul doute l'origine de l'exaspération actuelle. Les habitants de Varsovie en étaient venus à cracher sur tous les soldats russes qu'ils rencontraient dans les rues. Les patrouilles qui sortaient des casernes en uniformes noirs y rentraient en uniformes blancs. Il leur était défendu de répondre aux provocations, mais on ne pouvait aussi guère attendre de ménagements de leur part, le jour où il leur devait être permis de se servir de leurs armes.

Dans les insultes qui leur étaient faites, insultes qui doivent faire tressaillir quiconque a porté l'habit militaire, il y avait certes autre chose que le mécontentement d'une situation politique équivoque, d'un cens électoral défectueux, d'une lacune dans les formes représentatives de l'administration locale. Il y avait évidemment toute l'animosité d'un amour-propre saignant, la trace du mal dont souffrait le pays tout entier. Supposons maintenant que le pouvoir russe écrase momentanément la révolte et qu'il procède immédiatement à des mesures bienfaisantes, qu'en arrivera-t-il? La défaite sera considérée comme une humiliation nouvelle. Les bienfaits seront considérés comme des humiliations plus douloureuses encore; car un bienfait humilie toujours, à plus forte raison quand il émane d'un pouvoir haï et triomphant.

Les blessures d'amour-propre ne se guérissent pas par des humiliations. Le mal ne ferait qu'empirer, l'insurrection, pour être contenue, n'en serait que plus vivace et plus farouche.

Nous en revenons donc à nos conclusions qui consistent à ne voir dans la résistance armée qu'un détail de la révolte polonaise et à ne pas faire de la soumission définitive de toutes les bandes insurgées, la clause absolue d'une entente possible. Ce n'est pas le bras de la Pologne qu'il faut retenir, c'est à sa raison qu'il faut parler, c'est son cœur qu'il faut émouvoir. Et ce cœur ne pourra être ému que par le prestige qui serait rendu à son pays natal. Hors de là pas de réconciliation à attendre ; mais dans cette voie nouvelle, il y a encore, nous osons le croire, beaucoup à espérer. Les droits des peuples et des nationalités acquièrent tous les jours une puissance plus grande. C'est le trait distinctif de l'époque actuelle et rien ne fait rebrousser chemin à un grand principe qui s'établit. Ce principe est comme le rocher de Sisyphe. Plus on le repousse en arrière et plus il retombe avec force. Il ne s'agit donc plus de l'arrêter, mais de le diriger ; nous croyons fermement à la possibilité de former en Pologne un parti pour l'ordre et la paix. Il y a encore beaucoup de Polonais qui se souviennent du serment qu'ils ont prêté à leur roi. Les natures loyales se souviennent de ces choses-là. Il y a beaucoup de patriotes modérés qui voudraient sauver la vie et la fortune de leurs enfants, pourvu que cela soit à des conditions honorables à leur point de vue. Il y a beaucoup d'émigrés qui ont soif d'une patrie non-seulement respectée par tout le monde, mais qui se respecte elle-même en ne faisant pas intervenir la religion et l'assassinat dans ses rêves d'indépendance politique. Il y en a beaucoup qui ne fraternisent qu'à contre-cœur avec des hommes qu'ils éviteraient dans toute autre circonstance. Il y en a beaucoup qui ont horreur des moyens auxquels les pousse leur fanatisme.

Tels seraient les éléments d'une majorité intelligente que la Russie pourrait ramener à elle, en reconnaissant l'indépendance administrative du royaume de Pologne en dehors de sa dépendance politique. Mais ici une entente préalable sur la constitution à venir, semble devoir être le premier pas dans un ordre de choses où le sentiment polonais ne serait plus froissé dans son amour-propre national ; cette entente préalable avec des Polonais sur la constitution du royaume de Pologne, ne serait pas plus humiliante, nous osons le dire, pour la Russie, que cette même entente avec des Russes sur la constitution de l'Empire.

Le plus fort ne peut d'ailleurs jamais s'humilier devant le plus faible. Quand on a eu des torts mutuels, c'est celui qui les reconnaît le premier qui a le plus beau rôle. Nous avons la certitude que des pourparlers peuvent avoir lieu, qu'ils peuvent avoir des organes et des bases, qu'ils seraient un signe de ralliement pour beaucoup d'esprits indécis et serviraient de preuve définitive que ce n'est pas du bon vouloir de la Russie que peut dépendre la fin de la lutte.

On nous objecterait encore que ce serait une preuve de faiblesse, que toute faiblesse deviendrait un antécédent fâcheux, un mauvais exemple pour les autres nations soumises au sceptre russe, et que les Polonais y trouveraient le droit de susciter de nouvelles exigences.

Ceci serait incontestable si une solution suprême ne devenait pas de jour en jour plus rigoureusement nécessaire, si les hommes qui s'entre-tuent avaient le temps d'attendre, si l'état des choses pouvait empirer encore. Le danger d'ailleurs n'existerait que pour les provinces que la Russie ne peut détacher, sans se suicider elle-même, du grand ensemble de l'Empire. Les provinces baltiques, la Finlande ne cherchent pas le mouvement sans but pour elles et ne demandent que le maintien légal d'un ordre établi. Les provinces dites polonaises, où les Polonais ne sont qu'en minorité, devront bien se soumettre à la voie civilisatrice de l'Empire, tout en déversant dans le royaume les patriotes qui voudraient rester strictement fidèles au drapeau national.

Quant aux aspirations de l'autonomie politique polonaise, chaque Polonais sait parfaitement qu'elles débuteraient par la guerre civile. Grand nombre de dépossédés, vivant encore de traditions, voudraient recommencer l'histoire de leur pays là où elle a été interrompue ; d'autres qui ont vécu et souffert avec le siècle, viendraient demander le prix de leur sang et de leurs souffrances. Il est notoire que la Pologne actuelle n'a d'unité que dans ses haines, que les dissensions se font jour jusque dans le gouvernement occulte, et que l'indépendance politique de la Pologne est surtout impossible à cause de la Pologne elle-même.

C'est la conscience de ce fait qui a motivé peut-être le programme fastueux et irréalisable de 1772, qui, dès le début, se place entre des murailles infranchissables. A moins, la Pologne ne se reconnaît pas de vitalité politique possible. A moins, elle sent qu'elle doit être dépendante.

Mais toute dépendance nouvelle motiverait un ébranlement européen. Elle ne peut donc logiquement relever que de la Russie, c'est le seul dénoûment rationnel de la question politique polonaise. Quant à la question morale, elle s'apaiserait d'elle-même si la Russie accordait au royaume la constitution dont il serait fait part aux puissances, qui se trouveraient ainsi dégagées de l'initiative de leur intervention (1).

Certes, au point de vue polonais, les objections surgiraient en foule ; mais au rêve, quelque séduisant qu'il puisse être, on ne peut opposer que les arguments implacables de la réalité.

Le discours du 5 novembre a jeté un jour définitif sur les intentions de la France.

La France ne désire pas la guerre.

(1) La Pologne n'acceptera aucune réparation partielle ni générale que sous les auspices des puissances occidentales, dont les principes et les décisions forment pour elle son droit international et ses devoirs politiques et sociaux.— Page 117, *la Pologne devant l'Europe*, par Joseph Tanski.

La France ne désire pas intervenir seule dans le conflit.

La France demande un congrès.

A ce congrès qui doit s'ouvrir, on pourra demander à la Russie de modifier quelques-uns de ses droits ; mais on ne pourra pas lui demander de céder une partie de son territoire. Autrement, le congrès eût été inutile et n'aurait pu être convoqué. Les deux questions polonaises que nous avons tâché de préciser se dessineront alors ostensiblement. La question politique tombera d'elle-même, la question morale pourra trouver sa solution.

Si, en dehors de nos habitudes, nous avons pris la plume pour aborder une thèse où les puissants et les habiles devraient seuls élever la voix, nous l'avons fait dans l'espoir que peut-être, en cherchant avant tout à être impartial, il pourrait se trouver dans notre brochure un seul mot utile, et que ce mot pourrait épargner une goutte de sang à une époque où tant de paroles oiseuses maintiennent un carnage sans but, sinon sans motif.

Paris, 10 novembre 1863.

FIN